D1729892

Gundlach, Martin (Hrsg.):

Mein kleiner frommer Schaden

Bekannte Christen schreiben über
die Macken der heil[ig]en Welt

© 2006 R. Brockhaus Verlag Wuppertal
Druck: Finidr s.r.o., Tschechien
Titel, Satz und Layout: Maike Heimbach
Illustrationen: Maike Heimbach
Titelfoto: DigitalVision

ISBN-10: 3-417-24932-5
ISBN-13: 978-3-417-24932-3
Bestell-Nr. 224.932

Martin Gundlach (Hrsg.):

Mein kleiner frommer Schaden

Bekannte Christen schreiben über
die Macken der heil[ig]en Welt

Mit Beiträgen von:
Bettina Wendland
Andreas Malessa
Vreni Theobald
Dr. Margot Käßmann
Rudolf Westerheide
Elisabeth Vollmer
Martin Buchholz
Christof Klenk
Kerstin Hack
Dr. Roland Werner
Caritas Führer
Michael Handel
Anke Kallauch
Dieter Theobald
Katrin Schäder
Martin Plücker
und Martin Gundlach

Inhalt

Vorwort 7

Bettina Wendland
„ In den Himmel musst du
jemanden mitbringen!" 13

Andreas Malessa
„Gebetsgemeinschaften im Gottesdienst" 21

Vreni Theobald
„Heuchelei" 31

Dr. Margot Käßmann
„Großmutters Bibelsprüche" 43

Rudolf Westerheide
„Endzeit-Junkies" 53

Elisabeth Vollmer
„Brav sein" 65

Martin Buchholz
„Entrückung an der Ampel" 75

Christof Klenk
„Heilsgewissheit" 85

Kerstin Hack
„Ich bin nicht gottesdiensttauglich!" 95

Dr. Roland Werner
„Es wird gezählt!"   107

Caritas Führer
„Vorbild sein"   121

Michael Handel
„Das Tischgebet"   131

Anke Kallauch
„Frucht bringen"   141

Dieter Theobald
„Kannst du Jesus mitnehmen?"   149

Katrin Schäder
„Okkulte Rockmusik"   159

Martin Plücker
„Unwürdig zum Abendmahl"   167

Martin Gundlach
„Kalenderzettel"   177

Weitere kleine fromme Schäden?
Ihrer vielleicht?   187

Mein kleiner frommer Schaden

Ein Weg auf einem schmalen Grat

Die meisten haben erst mal gelacht, wenn ich ihnen den Titel meines neuen Projektes genannt habe. Als ich einigen Freunden aber vorab ein paar Texte zum Lesen gab, mischte sich in ihr Schmunzeln Nachdenklichkeit.

Ähnlich bei manchen Mitschreibern. Die meisten der angefragten Autoren haben schnell zugesagt, fast alle wussten etwas zu schreiben. Manche konnten sich gar nicht entscheiden: „Welchen Schaden hättest du denn gerne? Ich habe eine reiche Auswahl anzubieten!"

„Einen kleinen", antwortete ich dann immer. „Einer, der auf ein paar Buchseiten gut zu beschreiben ist und von möglichst vielen nachvollzogen werden kann."

Denn Lebensbeichten sollen Sie hier nicht lesen – und Sie werden auch keine finden. Dafür ist dies nicht der richtige Platz. Auf acht oder zehn Seiten sind diese umfassenden biografischen Themen nicht abzuhandeln. Stattdessen finden Sie Spotlights, ehrliche Momentaufnahmen aus der großen christlichen Welt. Und vielleicht ja auch ein paar Sätze, die Sie selbst schon manchmal gehört oder gedacht haben.

„Genau so war das bei uns auch!"

Das Wiedererkennen mancher Redewendungen oder Verhaltensweisen löste erst mal Heiterkeit aus: „Ja, genauso war das bei uns doch auch!" – „Die Macke kenne ich!" – „Das Thema hat mich auch begleitet!"

Erstaunlich, wie viele von uns dieselben Bücher gelesen und mit denselben Sätzen gekämpft haben. Manchmal musste ich beim Lesen auch schlucken, wenn ich verstanden habe, wie gute Absichten von Christen zu völlig verqueren Denkmustern in der nächsten Generation geführt haben. Wie gedankenlos ausgesprochene Sätze junge Leute auf Jahre hin gelähmt haben. Wie eine Atmosphäre der Angst manche so lange dominiert hat ...

Es geht um Menschen mit Macken

Man muss eigentlich schon eine Weile unter Christen gelebt haben oder in einer christlichen Familie aufgewachsen sein, um dieses Buch zu verstehen. Wer diese „Szene" überhaupt nicht kennt, wird am Ende nur den Kopf schütteln. Was sind das für Typen?

Wer aber in einer frommen Umgebung groß geworden ist, wird in einer ganzen Reihe von Beiträgen Bekanntes wiederfinden. Mir ist eines wichtig: Es geht hier nicht um eine Verurteilung oder Bloßstellung von Christen mit einem bestimmten Glaubensstil. Und schon gar nicht um Vorwürfe. Ich habe hohen Respekt vor allen, die ihren Glauben ernst nehmen, gerade auch in der älteren Generation. Wir profitieren und lernen viel von ihnen. In meinem Buch „Das haben meine Eltern gut gemacht" finden sich viele Beispiele für vorbildhaftes und großartiges Verhalten von älteren Christen.

Aber sie sind auch keine Helden, sondern Menschen mit Macken und Fehlern. Deshalb war auch einiges, was wir in unserer frommen Umgebung hörten, schlichtweg falsch. Anderes war richtig. Manchmal war es nur der Ton, der es uns so schwer machte, es anzunehmen ...

In meiner Gemeinde, der Freien evangelischen Gemeinde in Witten, erlebe ich im Hinblick auf „fromme Schäden" Folgendes: Einige richtig alte Christen leiden daran, dass ihre Kinder, die heute auch schon in den Vierzigern und Fünfzigern sind, nicht mehr in der Gemeinde sind. Sie sehen in der Betrachtung ihrer Vergangenheit, dass es auch ihr Verhalten war, das die Jungen eher aus der Gemeinde herausgedrängt als hineingezogen hat.

Tränen der Freude, Tränen der Trauer.

Sie sind heute diejenigen, die ein weites Herz für die Jugend und deren manchmal skurrile Ideen haben. Oft haben sie Tränen in den Augen, wenn junge Leute sich öffentlich zu Jesus bekennen und in die Gemeinde aufnehmen lassen. Das sind für mich sehr bewegende Bilder. Denn ich weiß, in die Tränen der Freude mischen sich bei manchen von ihnen auch Tränen der Trauer.

In diesem Sinne erhoffe ich mir von diesem Buch, dass Gespräche beginnen und auch die Themen offen auf den Tisch kommen, die lange unter ihm verborgen wurden.

Vielen Dank an alle, die hier mitschreiben, und an das Team im Verlag, das dieses Projekt fröhlich unterstützt. Vielen Dank auch an meine Eltern, die mir manchen frommen Schaden vom Leib gehalten haben, weil sie mir viel Freiheit ließen. Besonderen Dank an meine Frau Anja, die mir den Rücken freigehalten hat und meine größte Ermutigerin ist. Gemeinsam hoffen und kämpfen wir dafür, dass unsere Töchter nur wenige kleine fromme Schäden mit ins Leben nehmen. Ganz werden wir es vermutlich nicht verhindern können ...

Martin Gundlach
im Dezember 2005

P.S.: Vielleicht entdecken Sie auch bei sich einen „kleinen frommen Schaden". Schreiben Sie uns, wir sammeln weiter. Die (E-Mail) Adresse finden Sie auf Seite 187 dieses Buches.

„In den Himmel musst du jemanden mitbringen!"

Bettina Wendland
hat als Teenager
krampfhaft versucht,
Leute zu bekehren –
mit wenig Erfolg
und zweifelhafter
Motivation.
Heute lebt sie freier
und weiß, dass sie
auch alleine zu Gott
kommen kann.

„Wie kann man nur so einen Mist erzählen?",
denke ich heute, wenn ich mich an einen
Satz erinnere, der mir in meinen Teenie-Jahren ziemlich zugesetzt hat. Es war bei einer
dieser typischen Evangelisationen. Ich war
Feuer und Flamme, begriff zum ersten Mal
so einigermaßen richtig, was es mit Jesus
und dem Christsein auf sich hat und dass es
mehr ist als „Gott hat alle Kinder lieb".

Doch dann dieser Satz: „Du kommst nur in
den Himmel, wenn du jemanden mitbringst!"
Schluck, hab ich richtig gehört? Was ist dann
mit mir? Mit meinen zarten zwölfeinhalb
Jahren hatte ich schließlich noch niemanden
bekehrt. Zwar hatte ich schon in der Grundschule im Religionsunterricht damit geglänzt,
dass ich alle biblischen Geschichten kannte,
und den anderen Kindern erzählt, dass bei uns
in der Gemeinde keine Babys getauft werden. Zur Kinderwoche hatte ich auch schon
mal eine Schulfreundin mitgebracht und zu
den Karnevalsfeiern war ich selbstverständlich ohne Verkleidung erschienen. Brav hatte
ich mit dem Mut der ersten Zeugen bekannt,
dass ich mich nicht verkleide, weil damit ja
die bösen Mächte vertrieben werden sollten.

„Wie kann man nur so einen Mist erzählen?"

Und außerdem seien an Karneval ja auch
immer alle betrunken. (Bei unseren Grundschulkarnevalsfeiern war das natürlich nicht
der Fall.) Aber bekehrt hatte sich aufgrund
meines zeugnishaften Verhaltens niemand.

Hab ich mich umsonst bekehrt?

Nun aber hatte ich diesen Satz gehört: „Du
kommst nur in den Himmel, wenn du jemanden mitbringst!" Wenn das stimmte, dann

musste ich mich mächtig anstrengen. Sonst wäre ja meine eigene Bekehrung völlig umsonst gewesen. Also los! Mein erstes und über Jahre vordringlichstes Opfer war meine Schulfreundin Marion. Immerhin bekam ich sie in den folgenden Jahren dazu, dass sie zeitweise zur Teestube in meiner Gemeinde mitkam. Aber obwohl ich ständig versuchte, ihr den rechten Weg zu weisen, fruchteten meine Bemühungen nicht. Da half selbst der Einsatz von Buttons wie „Auch du brauchst Jesus" und „Gott hat einen Plan für dein Leben" nicht weiter.

Ich hatte „meinen" Bekehrten immer noch nicht!

Immerhin schaffte ich es sogar, Anja und Nicole mit ihren abgefahrenen Rockerfreunden in die Teestube einzuladen. Es schien ihnen dort auch richtig gut zu gefallen. Aber selbst die besten Andachten und die frömmsten Lieder brachten nicht den gewünschten Erfolg.

Im Laufe meiner Teeniezeit schleppte ich immer wieder Leute mit in die Gemeinde, versuchte mich als tapfere Streiterin für Gott im Sexualkundeunterricht, textete meine Mitschüler mit vermeintlich frommen Worten zu und ging ihnen wahrscheinlich gehörig auf die Nerven. Ich leitete einen Gebetskreis an der Schule mit, veranstaltete mit einer Freundin zusammen Schulgottesdienste, verteilte Traktate in der Fußgängerzone und ging von Tür zu Tür, um die Menschen unserer Stadt zu Evangelisationen und anderen Veranstaltungen einzuladen.

Aber nichts half! Ich hatte „meinen" Bekehrten immer noch nicht vorzuwei-

sen. Und mir damit immer noch nicht den Himmel verdient. Meine Freundin Steffi dagegen hatte schon zwei Schulfreundinnen mit dem Vermerk „mitgebracht" zu verbuchen – mit Bekehrung, Taufe und allem Drum und Dran.

Auf ganzer Linie versagt?

Es stimmt einfach nicht!

Heute kann ich es kaum glauben, aber dieser eine Satz hämmerte mir jahrelang im Hinterkopf herum. Was, wenn ich wirklich nicht reinkomme? Steht Gott vor der Himmelspforte und schüttelt erbarmungslos den Kopf, weil ich dummerweise allein anmarschiert komme und nur für mich und meinen kleinen Glauben dastehe? Wird er mir dann vorwerfen, dass ich auf ganzer Linie versagt, meine Mission nicht erfüllt habe?

Irgendwann dämmerte mir dann, dass es das nicht sein kann. Und wenn es ein noch so schlauer, bekannter, vorbildhafter und angesehener Evangelist gesagt hat: Es stimmt einfach nicht!

Klar freut sich Gott, wenn wir gleich in Scharen vor der Tür stehen und er noch die Fenster aufreißen muss, damit alle reinpassen. Aber ich kann sowieso keinen bekehren! Und er macht die Tür auch dann auf, wenn ich ganz klein und allein und bescheiden den Klingelknopf drücke. Mein eigener kleiner Glaube genügt. Der Vater hat den verlorenen Sohn auch in seiner ganzen kleinen Erbärmlichkeit in die Arme geschlossen. Der Weinbauer hat den Arbeitern, die nur ein Stündchen gearbeitet hatten, denselben Lohn ausgezahlt wie denen, die ein

Vielfaches geerntet hatten. Sollte Gott dann darauf sehen, wie viele Menschen ich „bekehrt" habe? Wo es doch viel mehr seine Sache und die seines Heiligen Geistes ist, Menschen zu bekehren, ihr Leben auf den Kopf zu stellen und mit der göttlichen Wirklichkeit zu konfrontieren!

„Bettina, schön, dass du da bist!"

Unfug mit Nachwirkung

Diese Erkenntnis hatte auch damit zu tun, dass ich im Laufe der Jahre merkte, wo meine Gaben liegen. In der Jugendarbeit, bei Freizeiten und Festivals spürte ich, dass ich zwar nicht gerade die „Gabe der Evangelisation" habe, dafür aber Jugendlichen, die schon Christen sind, in ihrer Glaubensentwicklung weiterhelfen kann. Hier fruchteten meine Bemühungen, hier stießen meine Andachten und Bibelarbeiten auf offene Ohren, hier kam es zu guten Gesprächen. Und ich bin überzeugt, dass es kein Zufall ist, dass

ich diese Begabung in meinem Job als Redakteurin der Zeitschrift „teensmag" einsetzen konnte.

Auch wenn ich heute weiß, dass der Evangelisten-Satz von damals Unfug ist, so merke ich doch in anderer Hinsicht, dass mein kleiner frommer Schaden durchaus nachwirkt. Irgendwie hat sich ganz tief in mir das Gefühl eingegraben, dass ich mir den Himmel verdienen muss.

Nicht mit Bekehrungen, nein, darüber bin ich hinweg. Aber vielleicht ein bisschen mit Engagement in der Gemeinde, mit Zuverlässigkeit, bisweilen gar mit frommem Aktivismus. Sicherlich ist daran nicht nur dieser Evangelist schuld, sondern es hat etwas mit dem ganzen frommen Umfeld zu tun, in dem ich aufgewachsen bin. Und damit, dass ich mich selbst nicht ganz frei machen kann von solchen Gedanken und Gefühlen. Aber ich habe auch gelernt „Nein" zu sagen, mich durchaus mal zurückzuhalten bei der Arbeit und meinen Wert bei Gott nicht von meiner frommen Leistung abhängig zu machen. Und schon gar nicht von dem, was andere von mir erwarten oder als Zugangsvoraussetzung zum Himmel festlegen.

Ich hoffe, dass Gott mich dermaleinst an der Himmelspforte mit den Worten empfangen wird: „Bettina, schön, dass du da bist mit deinem kleinen Glauben. Komm rein, lass uns gemeinsam feiern!"

Bettina Wendland (Jahrgang 1970) war sieben Jahre lang Redakteurin der Zeitschriften „teensmag" und „dran". Zurzeit ist sie in Elternzeit und arbeitet freiberuflich als Journalistin, Autorin und Übersetzerin. Sie ist Mitglied im Leitungskreis einer Evangelisch-Freikirchlichen Gemeinde und lebt mit ihrer Familie in Bochum.

„Gebetsgemeinschaften im Gottesdienst"

Andreas Malessa über sein Unbehagen im Gottesdienst, wenn zum „freien, lauten Gebet" aufgefordert wird. Und über Gebetsgemeinschaften, die zum Gemeinde-Pranger mutierten ...

Es fängt am Haaransatz an. Dieses zunächst kaum merkliche, leise Jucken. Gefolgt von dem Bedürfnis, trocken zu schlucken und tief einzuatmen. Weil Wärmewellen in mir aufsteigen und die Pulsfrequenz erhöhen.

Kurz: Es ist mir peinlich. Wenn in Gottesdiensten zum „freien, lauten Gebet" aufgefordert wird. Wenn eine (in Freikirchen und evangelikalen Kirchengemeinden übliche) „Gebetsgemeinschaft" auf dem Programm steht.

„Warum betet der nicht?"

Es tut mir Leid, aber es ist mir peinlich. Wenn alle „herzlich eingeladen sind, hier und jetzt ihr Herz vor dem Herrn auszuschütten", wenn wir „Gott nun sagen wollen, was uns persönlich bewegt" – und ich sofort innerlich hin- und hergerissen bin zwischen dem, was mir wirklich auf dem Herzen liegt, und dem, was ich öffentlich kundtun möchte.

Betete ich grundehrlich, würde ich die Intimsphäre meiner Angehörigen und meiner liebsten Freunde verletzen. Betete ich für zweihundert Zuhörer, käme es mir nicht wirklich persönlich, sondern wie eine freie Rede vor. Bete ich aber gar nicht, fürchte ich, die anderen könnten denken: Warum betet der nicht?

Also bete ich still. Lautlos. Nur zu Gott.

Dazu braucht es aber keine öffentliche „Gebetsgemeinschaft im Gottesdienst". Sondern nur etwas Zeit und Stille.

Ein Wort wie Donnerhall

„Herr, wie schon die Engel bei den Hirten auf dem Felde ..." – damit fing jedes Gebet des ehrwürdig-knorrigen Bruders E. in den Gottesdiensten meiner Vorpubertätszeit an. Laut und lang. Jeden Sonntag. Die Engel auf dem Felde mochten in der Advents- und Weihnachtszeit irgendwie nahe liegend sein.

Aber ihr „Ehre sei Gott in der Höhe!" passte natürlich auch im blütenreichen Mai, an glühenden Augusttagen und in rotgoldener Oktoberstimmung. So lange noch in der Lokalzeitung von Kriegen und Konflikten zu lesen war, sangen „Herr, die Engel bei den Hirten auf dem Felde: Friede auf Erden!"

Natürlich. Wer wollte den nicht.

Wurden Kinder gesegnet, junge Paare getraut und Neubekehrte getauft, verkündeten „Herr, die Engel bei den Hirten auf dem Felde allen Menschen seines Wohlgefallens große Freude!" Auch klar. Zum Mitfreuen geradezu. Sogar wenn wir schwarzgekleidet vor einem Sarg standen, sprachen „Herr, die Engel bei den Hirten auf dem Felde: Fürchtet euch nicht!"

Der Pastor und die Gemeinde fürchteten sich doch. Nur wir Kinder nicht.

Es gab noch einen Sparkassenfilialleiter und Schwager des legendären Bruders E., der – in Kleidung und Körperhaltung stets um Würde und Wirkung bemüht – an hohen Festtagen (oder wenn weit gereiste Verwandtschaft zu Besuch war) die Gebetsgemeinschaft blitzschnell als erster eröffnete.

Es muss in jenen Schuljahren gewesen sein, deren Deutschunterricht uns schon erste Stilübungen und Literaturlektüren beschert hat. Was ein Relativsatz ist, was Personal- und Possessivpronomen und was Partizipial-

Laut und lang. Jeden Sonntag.

Die letzten Worte – bedeutungsschwer in die Länge gedehnt.

konstruktionen sind, hatten wir an schwülstigen Texten des 19. Jahrhunderts gelernt.

„Herr, der Du der Herr Deiner von Dir erretteten und Dich liebenden Gemeinde der Gläubigen bist; der Du all die, die Du herausgerufen hast zur Erkenntnis dessen, was Du offenbartest, führtest; Du, Du allein, der Du uns, die wir in Dir den Auferstandenen und Wiederkommenden bezeugen und bekennen, heiligen wirst kraft Deiner Gnade und Wahrheit – wir – beten – Dich – an!"

Die letzten vier Wörter sprach der Kassierer im Ton etwas tiefer und lauter und dehnte sie bedeutungsschwer in die Länge. Ein Wort wie Donnerhall, fürwahr. Mein respektloser Freund Holger kauerte neben mir, wir knufften uns in die Rippen und mussten prusten vor Lachen. Hinterher fühlte ich mich mies und schuldig und hatte schwere Gewissensbisse. Wie konnte ich nur so wenig Ehrfurcht empfinden!

Im Hagel der Bibelverse

Ich war Theologiestudent geworden und wusste, mit welcher Mischung aus Lampenfieber und Sendungsbewusstsein, Minderwertigkeitsängsten und heiligem Eifer man zum ersten Mal auf die Kanzel geht. Ein befreundeter Mitstudent hatte sich im dritten Semester an einem komplizierten Text aus dem Hebräerbrief verhoben. Seine Predigt war wirr. Gelinde gesagt. Was die Sache verschlimmerte: Er merkte es offenbar nach zehn Minuten selbst, löste sich von seinem Predigtmanuskript und erklärte uns alles, äh, noch mal, also, in freier Rede, sozusagen. Gewissermaßen und quasi. Wenn Sie wissen, was ich, wie soll ich sagen, nun gleichsam, äh, so gesehen, sagen wollte. Vom Hebräerbrief her, klar, aber auch und überhaupt überall in der Bibel, ne?

So ging das quälend weiter. Es war furchtbar. Dabei hatte er tage- und nächtelang im hebräischen und griechischen Urtext gegraben, hatte Lexika gewälzt und sein Zimmer mit Notizzetteln beschneit.

Was der herzensfromme Studiosus aber sicher nicht verdient hatte, war die anschließende Gebetsgemeinschaft.

„Herr, der Du gesagt hast: Aus dem Munde der Unmündigen und Kinder habe ich mir ein Lob bereitet, wir danken Dir für Dein Wort heute morgen ..."

„Aus dem Munde der Unmündigen ..."

Es hagelte Bibelverse.

„Wir wollen Dich bitten, Herr, dass unsere unreinen Lippen angerührt und geheiligt werden durch Feuer von Deinem Altar, wie Jeremia es erlebte, bevor er seinen Dienst begann ..."

„All unser Erkennen ist Stückwerk, Herr, Du aber schenkst das Wollen und das Vollbringen, dafür loben wir Dich ..."

Es hagelte Bibelverse! Eine kalte Dusche, deren einzelne Tropfen tiefgefroren als Psalmen-, Propheten- und Paulusworte herunterprasselten. Vor meinen zum Gebet geschlossenen Augen sah ich eine Eiskunstlauf-Jury, die nach dem Tanz ihre Tafeln hochhielten: 3,2 / 2,8 / 1,0. Durchgefallen!

Sollte ich jetzt meinem Freund zur Seite springen und mit 1. Chronik 16 Vers 22 laut betend dagegenhalten? „Tastet den Gesalbten des Herrn nicht an und tut meinem Propheten kein Leid!"? Ich ließ es natürlich.

Braucht der Prediger die Gebetsgemeinschaft?

Inzwischen stehe ich oft genug selbst vor einer Gottesdienstgemeinde und spüre den Wunsch nach einer „lebendigen Gebetsgemeinschaft". Ist es nicht ein Zeichen geistlicher Frische, spiritueller Unbekümmertheit und menschlicher Reife, wenn sofort und spontan möglichst viele Männer, Frauen und Kinder ihre Herzen für Gott öffnen und ihm dasselbe „ausschütten"? Ist es nicht beklemmend, nach einer bewegenden Predigt vor stummen Ölgötzen zu stehen, die offenbar nicht mehr selbstständig artikulationsfähig sind? Hat die denn gar nichts berührt, kommt von denen jetzt keine hörbare Reaktion?

Ich ertappe mich bisweilen dabei, mir eine „lebhafte Gebetsbeteiligung" zu wünschen, weil sie ein Erfolgserlebnis für mich wäre. Ein hörbarer Beweis, dass meine Worte jemanden getroffen haben. „Braucht" möglicherweise vor allem der Prediger, der Gottesdienst- oder Lobpreisleiter die öffentliche Gebetsgemeinschaft?

Im Großen und Ganzen habe ich im Lauf der Jahre meinen Frieden mit der guten alten freikirchlichen (oder guten neuen charismatischen) öffentlichen Gebetsgemeinschaft geschlossen. „Mein kleiner (!) frommer Schaden" heißt dieses Buch ja nicht umsonst, denn ein großer sind selbst meine ulkigsten Erinnerungen nie geworden. Wer Gebetsgemeinschaft im Gottesdienst stets positiv erlebte, wen es dazu drängt und wer gerne und ehrlich im großen Kreis der Zuhörer mit Gott reden kann und keine meiner Bedenken teilt – bitteschön. Alles dafür. Nur mitmachen müssen würde ich ungern.

„Ganz konkret vor Gott bringen!"

„Familiengottesdienst mit speziellem Fürbitte-Teil" stand auf dem Programm der neu gegründeten charismatischen Kleinstadtgemeinde. Ich war als Gastprediger neugierig darauf. Nachdem die Kindergartengruppe rührend gekräht, die Jungscharler dramatisch geschauspielert und die Teenie-Band laut und schräg losgerockt hatte, nachdem ich mich am Rednerpult rhetorisch um den zwölfjährigen Jesus im Tempel und die Sor-

Ein Erfolgserlebnis für mich?

gen seiner Eltern bemüht hatte, sollten nun die Mütter und Väter hier im Saal ihre Bitten und Wünsche, ihre Erziehungssorgen und -nöte „ganz konkret vor Gott bringen", sagte der lokale Leiter.

Und dann neigten wir unsere Häupter. Und dann fielen Namen! Und namentliche Probleme! Von schlechten Schulnoten und schlechten Freunden, von Sitzenbleiben und Gehänseltwerden, von Alkohol auf Partys und Ärger mit dem Ausbildungsbetrieb, von erstem Verliebtsein und von Gewichtsproblemen war die (öffentliche) Rede.

Da fing es wieder an. Dieses zunächst kaum merkliche Jucken am Haaransatz. Das Trocken-schlucken-und-tief-einatmen-Müssen. Die erhöhte Pulsfrequenz.

Und ich betete nur eins: Lieber Gott, lass bitte alle Kinder und Teenies im Parallelprogramm unten im Keller sein. Damit keiner der Betroffenen hören muss, wie er hier am gut gemeinten Pranger steht ...

Andreas Malessa (Jahrgang 1955) studierte in Hamburg Theologie und war von 1972 bis 1991 als Teil des Gesangs-Duos „Arno & Andreas" zu rund 1400 Konzerten unterwegs. Er ist Hörfunkjournalist für DeutschlandRadio Kultur, HR und SWR, Fernsehmoderator, Pastor im Bund Evangelisch-Freikirchlicher Gemeinden, Songtexter, Kolumnist mehrerer Zeitschriften und Buchautor satirischer Kurzgeschichten. Verheiratet mit Edeltraud, Vater zweier (fast) erwachsener Töchter, lebt in Hochdorf bei Stuttgart.

„Heuchelei"

Vreni Theobald über ihren Hang, Dinge zu beschwichtigen und Auseinandersetzungen zu entfliehen. In ihrer Ehe war das nicht mehr möglich. Trotzdem hat sie heute noch gelegentlich ein schlechtes Gewissen, zum Beispiel beim Nordic Walking ...

Um es gleich vorweg zu sagen: Klein ist mein frommer Schaden nicht. Mir machte und macht er Mühe. Obwohl ich schon viel Veränderung und innere Heilung erlebt habe, schmerzt mich diese Schlagseite bis heute. Sie möchten wissen, wovon ich spreche? Von Heuchelei.

„So schlimm ist es nun auch wieder nicht"

Meine Unart mit einem „frommen Mäntelchen" versehen.

Wenn ich dieses unschöne Wort „Heuchelei" schwarz auf weiß – und dazu noch auf mich bezogen – hier stehen sehe, regt es mich auf. Ich möchte es abschwächen und versichern: So schlimm ist es nun auch wieder nicht. Ich könnte auch andere Worte dafür verwenden, die etwas milder sind, wie etwa: Ich neige dazu, Dinge zu beschönigen, abzuschwächen, zu beschwichtigen. Ich harmonisiere, versuche Konflikte zu umgehen.

Aber ich lasse es bewusst so stehen, weil es wichtig für mich ist, den unangenehmen Seiten meines Wesens in die Augen zu blicken. Lange genug habe ich meine Unart mit einem „frommen Mäntelchen" versehen und damit verharmlost. Steht es nicht in der Bibel, dass man den Frieden suchen, mit Liebe reagieren und es möglichst allen Leuten recht machen soll? Mit diesem Verhalten wird man doch zum „Salz" und zum „Licht" für die Welt!

Wenn ich die Entwicklung dieser unguten Eigenschaft zu ergründen versuche, komme ich zu einem fast perfekten Hand-in-Hand-Spiel zwischen meinem Charakter, meiner

Lebenssituation und einer falsch verstande-
nen Frömmigkeit.

Zwischen zwei Werte-Fronten

Ich war ein pflegeleichtes, freundliches Kind,
stets bemüht, den Anforderungen gerecht
zu werden, zu genügen, alle um mich herum
zufrieden zu stellen. Das war gar nicht so einfach, denn meine Eltern vertraten zwei ganz
verschiedene Wertevorstellungen. Leistung,
Tüchtigkeit, Arbeit, gute Noten, Ansehen,
Stärke – das waren die Werte, die bei meinem Vater galten. Meine Mutter hielt Bezie-
hungswerte, soziales und diakonisches Handeln, Frömmigkeit hoch.

Von meiner Persönlichkeitsstruktur her gleiche ich meiner Mutter. Ihre Werte waren und
sind zutiefst auch die Werte, die ich vertrete.
So waren meine Mutter und ich in dieser Hinsicht „ein Herz und eine Seele". Diese fromme, sozial denkende Frauenfront in der Familie war nun aber für meinen Vater nicht nur
fremd und unverständlich, sondern massiv
störend und ärgerlich. Er entwertete die An-
sichten meiner Mutter, vor allen Dingen ihren
Glauben und die Gemeinde. Sie litt, erdulde-
te die verbalen Angriffe, versuchte sich ihren
eigenen Weg zu bahnen.

Ich stand dazwischen. Innerlich auf der
Seite meiner Mutter, aber doch dauernd bemüht, den Konflikt zu entschärfen, indem ich
meinem Vater entgegenkam, ihn zu gewinnen versuchte mit guten Noten, mit einer
beeindruckenden Leistung.

Mit diesem Spagat zwischen meinen Eltern konnte ich die Familienatmosphäre be-

Leistung,
gute Noten
und Stärke.

einflussen, ein Stück Harmonie herstellen. Harmonie war mir wichtig. Damit wir leben und atmen konnten, musste es daheim „stimmig" sein – für mich, für meine jüngeren Schwestern, für meine Mutter.

So lernte ich relativ früh, dass man konfliktträchtige Themen am besten tabuisierte oder nur so viel von einer Begebenheit berichtete, wie es gerade noch erträglich war für Vaters Ohren. Wir logen ihn nicht an, erzählten aber doch recht selektiv. Weil wir der Auseinandersetzung mit meinem Vater nicht gewachsen waren, verheimlichten wir vor ihm den ganzen Bereich des Glaubens und der Gemeinde. Hinter seinem Rücken taten wir das, was wir für gut und richtig hielten. Aber wir wagten es nicht, ihm etwas davon zu sagen oder ihm mit einer anderen Meinung entgegenzutreten.

Banane in der Schublade

Zum Beispiel hatte er eine ganz klare Vorstellung davon, wie „ordentliche Mädchen" sich für die Schule zu kleiden hätten: mit einer Schürze! All meine Bitten und Tränen nützten nichts, es blieb beim Schürzentragen, auch wenn ich die Einzige in meiner Klasse mit diesem „altmodischen Kleidungsstück" war. Meine bewährte Methode half mir, mit dem Konflikt umzugehen. Ich zog daheim brav die Schürze an, war das gehorsame Kind – um sie dann hinter dem nächsten Haus heimlich auszuziehen, schön säuberlich in der Schultasche zu verstecken und vor dem Heimkommen wieder umzubinden.

Mit der Schürze in die Schule.

Ähnlich war es im Winter mit den Früchten. Mein Vater plädierte für einheimisches Obst. Äpfel und Birnen waren erlaubt, Orangen und Bananen verboten. Das wurde für mich kein Problem! In der Obstschale auf dem Tisch lagen den ganzen Winter durch Äpfel, in der untersten Schublade in der Küche (zu der sich Vater nie hinunterbückte) hielten wir

heimlich die verbotenen Südfrüchte versteckt, die uns natürlich ganz besonders gut schmeckten.

So kamen wir – mehr oder weniger gut – mit unserem Familiensystem zurecht. Vor den Augen des Vaters hielt ich mich an seine Weisungen, hinten herum lebte ich das, was ich selbst als richtig empfand. In der Tiefe meines Herzens war ich sogar noch ein wenig stolz darauf, dass ich mit meinem friedfertigen Wesen so wenig Anstoß gab zu Streitereien mit meinem Vater – ich wollte doch „ein Zeugnis" sein für meinen Herrn!

Später wurde mir bewusst, dass ich in meiner Familie Heuchelei gelernt habe. Besonders schlimm habe ich die fromme Tarnkappe darüber empfunden.

> In meiner Familie habe ich Heuchelei gelernt.

So tun, als ob

Konflikte oder Streit galten als ungeistlich. Wirklich gläubige Menschen leben nicht in solch unwürdigen Niederungen. Bewährte Hilfsmittel gegen solche negativen Auswüchse waren nachgeben und beten. Das, was den Konflikt verursacht hatte, „herunterschlucken" und vergessen. Nicht mehr darüber reden. Die Harmonie retten, indem man einfach so tat, als ob alles gut wäre.

Heute weiß ich, dass ich als Kind über dem tiefen Wunsch, meine Familie zu retten, eine Familienharmonie herzustellen, die uns das gemeinsame Leben ermöglichte, mich selbst vergessen hatte. Ich versuchte, es meinen Eltern recht zu machen und den Graben zwischen ihnen zu überbrücken. Ich suchte ihre Anerkennung – auf Kosten meiner Persönlichkeitsentfaltung und Ehrlichkeit.

Der lange Weg in die Echtheit

Ich bin mit diesen Lebensmustern in meine Ehe eingetreten. Weil mein Mann sehr gradlinig, klar und offen lebt, konnte ich nicht kneifen. Ich musste mich ersten Konflikten stellen und konnte mich nicht einmal mehr hinter einem „Leiden um des Glaubens willen" verstecken – mein Mann ist ja auch fromm!

Er hat mich herausgefordert und ermutigt, immer wieder die Auseinandersetzung zu wagen, zu mir selbst und zu meiner Meinung zu stehen, mich zu vertreten und einen Streit im positiven Sinne zu wagen. Das ist mir sehr schwer gefallen.

Ein langer Übungsweg begann. Nach und nach korrigierten sich die verkehrten Gottesvorstellungen, und mein Glaube erhielt eine gesunde „Bodenhaftung", wurde gefestigt in einer lebendigen Beziehung zu Jesus Christus. Verschiedene neue Erkenntnisse und Einsichten bahnten sich langsam einen Weg vom Kopf ins Herz.

> Ein langer Übungsweg begann.

37

- Ich bleibe geliebt und angenommen, auch wenn ich Fehler mache oder enttäusche.
- Ich muss nicht immer „gut drauf sein". Es ist erlaubt, traurig oder unzufrieden zu sein.
- Man darf über ein Thema verschieden denken und kann sich dabei trotzdem lieben.
- Man muss Schwierigkeiten nicht beschönigen. Sie sind da, man muss sie anschauen und mit ihnen ehrlich umgehen.
- Konflikte gehören zum Leben und lassen sich durch eine faire Auseinandersetzung oft klären.
- Ich muss Gott nicht zufrieden stellen mit Leistung oder Frömmigkeit, sondern darf seine ganze Zuwendung und Liebe gratis empfangen.

Obwohl ich lernwillig war, kämpfte ich ständig mit Rückfällen ins alte Muster. Ich erinnere mich an einen Seelsorgekurs. Unsere Gruppe sollte schweigend miteinander ein Bild malen. Ein großes Blatt Papier lag auf dem Tisch, jeder begann irgendwo zu pinseln. Die Stimmung wurde immer aggressiver, die Farben dunkler, man kam sich gegenseitig ins Gehege. Was tat ich in dieser Situation? Über das ganze Blatt verteilt malte ich in die vielen dunklen Wolken oder Farbkleckse helle Blümchen und Sonnen!

Ich wäre am liebsten weggelaufen, als mir bewusst wurde, dass hier wieder einmal mein Harmoniebedürfnis und meine Beschwichtigernatur voll durchgeschlagen hatte.

Bekannte Lebensmuster

Die Erfahrungen mit meiner Schlagseite haben mir aber auch geholfen! Ich spüre schnell, wenn andere um mich herum an gleichen oder ähnlichen Lebensmustern leiden. Wie oft habe ich in der Eheberatung bei Frauen (manchmal auch bei Männern) realisiert, dass sie aus Angst vor dem starken Gegenüber etwas beschönigten, abschwächten, versteckten. Mein eigener Befreiungsweg in die Echtheit und Wahrheit meines Lebens kann dann hier und da zum Wegweiser werden für andere.

Ich bleibe mit meinem „Schaden" unterwegs. Viel davon ist heil und gut geworden. Ich trage in mir eine große Sehnsucht nach einem authentisch gelebten, ehrlichen, echten Leben. Ich kämpfe darum, dass die Sehnsucht zur Realität wird.

Mit meinem Schaden unterwegs.

Leider ertappe ich mich aber immer auch beim Stolpern. Wissen Sie, was mir gerade vorhin passierte? Ich wollte vormittags eine Stunde raus an die frische Luft zum Nordic Walking. Mein Weg führte durch eine große Wiese, die gerade von unserem Nachbarn gemäht wurde. Da wählte ich einen beträchtlichen Umweg, damit er mich nicht sieht. Denn: Was denkt er dann von mir, wenn ich da morgens herumspaziere, während er arbeiten muss? Oh Vreni!

Vreni Theobald ist seit 40 Jahren mit Dieter verheiratet. Sie wohnen in Turbenthal (CH) und walken oder fahren mit ihren Rädern gern an der Töss entlang. Vreni Theobald arbeitet als christliche Lebensberaterin und Referentin bei Frauenanlässen.

„Grossmutters Bibelsprüche"

Margot Käßmann
über den Trauspruch
ihrer Großmutter,
über Geschichten
aus dem Krieg und
eine Reise zurück
in ihre Kindheit.
Heute sagt sie:
„Je älter ich werde,
desto mehr wächst
der Respekt für
unsere Omi."

Irgendwie war meine Großmutter schon immer alt – dachte ich als Kind. Und sie hatte offensichtlich für jede Lebenslage einen Bibelvers parat. Wenn wir uns als Kinder stritten, kam garantiert ihr Trauspruch zum Zuge – der Apostel Paulus an die Epheser: „Seid fleißig zu halten die Einigkeit des Geistes durch das Band des Friedens!" Ach, was konnten wir dagegen schon sagen?

Ein Bibelspruch für jede Lebenslage.

„Du sollst den Feiertag heiligen!"

Gab es Streit mit den Eltern, wurde das vierte Gebot herbei geholt. Ich erinnere mich, dass ich mit meiner Cousine einmal am Karfreitag ins Kino gehen wollte. Nichts da: „Du sollst den Feiertag heiligen!" Eben dieses Gebot konnte sie allerdings auch zitieren, wenn es an ihrem Geburtstag Windbeutel mit Sahne gab.

Ja, das konnte schon anstrengend sein. Nervend fanden wir das manchmal, überfromm. Und fordernd konnte sie auch sein, sie nahm das vierte Gebot durchaus in Anspruch, etwa gegenüber meiner Mutter, die sie pflegte, als sie älter wurde. Und wenn meine Mutter sich kritisch äußerte, dass „unsere Omi", wie wir sie nannten, gerne abends auch mal zwei Gläser Rotwein trank, wusste sie sich biblisch zu verteidigen – mit Bezug auf die Hochzeit zu Kana.

Sie war kein perfekter Mensch, wie wir alle hatte sie ihre Fehler und Schwächen. Manchmal brauchten wir Nachsicht, wenn sie dem einen Enkel etwas zusteckte unter der Maßgabe größter Verschwiegenheit und beim anderen eben dasselbe tat – das war ihre Form, je einzeln eine Beziehung aufzubauen. Auch das achte Gebot, wie es Luther im Kleinen Katechismus erläutert, wäre sicher manchmal angebracht gewesen: „Wir sollen unseren Nächsten nicht belügen, verraten, verleumden oder seinen Ruf verderben, sondern sollen ihn entschuldigen, Gutes von ihm reden und alles zum Besten kehren." Denn über andere herziehen, doch, das konnte sie auch.

Leben mit der Angst

Meine Großmutter war Jahrgang 1893. Sie wuchs in einem Forsthaus in Schlesien auf und heiratete als Achtzehnjährige einen sechzehn Jahre älteren Gutsverwalter in Pommern. Ihr Mann scheint sie mit großer Liebe und Nachsicht begleitet zu haben. Aber das Leben auf dem Land war nicht einfach für die junge Frau. Zwar war sie die Frau des Gutsverwalters, trotzdem musste das Schulgeld, alles Bare überhaupt durch Umsetzung von Naturalien erfolgen, die einen großen Teil der Bezahlung ausmachten. Das hieß: Eier verkaufen, Hühner schlachten und rupfen, Gänse mästen, einkochen, was der Garten hergab. Und ja, kochen konnte sie! Bis heute kann ich mich übrigens an den Geschmack von Großmutters Gänsesülze erinnern – nie wieder haben wir das so hinbekommen.

Vier Kinder hat meine Großmutter gehabt, immer im Abstand von vier Jahren, jeweils ein Junge und ein Mädchen im Wechsel. Ob das

Meine Großmutter, Jahrgang 1893.

schon eine Form der Familienplanung war? Aber da war eben auch der Erste Weltkrieg, sie war allein auf dem Gut, der Ehemann im Krieg. Im Zweiten Weltkrieg konnte die Familie sich nicht vorstellen, dass russische Truppen Pommern erreichen würden. Als sie endlich bereit waren zu gehen, setzten bei der Schwester meiner Mutter die Wehen ein und sie mussten den letzten Zug nach Westen fahren lassen. Meine Cousine wurde am 2. März 1945 geboren. Ein Jahr blieben sie in Köslin, noch wenige Tanten, meine Großeltern, die Schwester meiner Mutter mit den drei kleinen Kindern. Ein schlimmes Jahr, wenn ich mich an die Erzählungen meiner Kindheit, all die Andeutungen über Angst und Vergewaltigung erinnere.

„Wer nur den lieben Gott lässt walten ..."

Mein Großvater wurde auf der Straße von russischen Soldaten aufgegriffen. Er starb auf dem Transport nach Sibirien – aber das erfuhr meine Großmutter erst viele Jahre später, als ein Mann, der aus der Kriegsgefangenschaft zurückkehrte, davon erzählte. Wie viel Angst gab es wohl – um die Tochter, die Enkel und sich selbst dort in Köslin und um die anderen Kinder, von denen sie nicht wusste, ob sie am Leben waren? Telefon und Briefverkehr waren zusammengebrochen. Ob sie noch summen konnte: „Wer nur den lieben Gott lässt walten ... den wird er wunderbar erhalten"?

Zwischen Sorgen und Dankbarkeit

Großmutter und Tochter machten sich mit den drei kleinen (Enkel-) Kindern schließlich

1946 auf den Weg nach Westen. In Burgholz in Hessen war eine Schwester meiner Großmutter mit dem Förster verheiratet. Und siehe da, daran erinnerten sich offenbar auch alle anderen Familienmitglieder. Die beiden Söhne, einer in russischer, einer in britischer Gefangenschaft, kamen heil aus den Kriegswirren zurück, meine Mutter nach zwei Jahren in dänischer Internierung ebenfalls. Was gibt es für Geschichten aus diesem Forsthaus: Wiedersehensfreude, Dankbarkeit, Ringen um das tägliche Brot, aber natürlich auch Konflikte mit so vielen Menschen auf so engem Raum.

Wie hat sie sich durchbeißen müssen!

Kirchlich waren sie verwurzelt in der kleinen Selbstständigen Evangelisch-Lutherischen Kirche in Köslin. Ich denke, das hat sie alle tief geprägt. Zu ihrem 75. Geburtstag bin ich mit meiner Mutter zum Gut in Latzig und auch zur kleinen Gertraudenkapelle in Koszalin gefahren, die vor wenigen Jahren der lutherischen Kirche in Polen wieder als Gotteshaus zur Verfügung gestellt wurde. Als ich das alles sah, die Felder, den Wald, konnte ich es mit den vielen Erzählungen aus Hinterpommern in meiner Kindheit in Verbindung bringen. Die Wiese, auf der sie Schlitten fuhren, der Wald, in dem es so viele Steinpilze gab. Das Haus steht noch, polnische Familien leben heute dort, das Land wird wieder beackert. Meine Mutter hatte damit ihren Frieden gemacht, mir tat es gut, das alles zu sehen.

Meine Großmutter erscheint mir seit jenem Besuch in neuem Licht. Was hat sie sich dort als Achtzehnjährige durchbeißen müssen! Und 1945 war sie ja erst zweiundfünfzig. Keine alte Frau aus meiner Perspektive heute – ich gehe gerade auf die fünfzig zu. Sie hat noch einmal vollkommen neu anfangen müssen. Sie hat ihre beiden Töchter in der neuen Heimat unterstützt, die mit je drei Kindern ihren Weg finden mussten, die eine ohne Ehemann, der im Krieg fiel, die andere mit Ehemann und dem Ringen um eine Existenz. Bei uns zu Hause hat sie jahrelang das Mittagessen gekocht. Und durch Nähen hat sie sich lange ein Zubrot zu ihrer kleinen Rente verdient.

Lieder beim Gulaschkochen gelernt.

Der Sonntagsgottesdienst war eine Selbstverständlichkeit. „Wenn der liebe Gott die ganze Woche für dich Zeit hat, wirst du wohl eine Stunde in der Woche für den lieben Gott Zeit haben!" Und als ich Theologie studierte, gab es warnende Briefe aus Brasilien (dorthin waren die Brüder meines Großvaters ausgewandert) vor den Irrlehren aus Marburg – damit waren Bultmann und die Entmythologisierung gemeint –, die sie mir weiterleitete. Ja, sie war stolz auf ihre vielen Enkel und Urenkel in aller Welt, in Südafrika, in Kanada, in Deutschland. Als sie starb, ging auch die Mitte der großen weiten Familie, das bindende Zentrum, ein wenig verloren.

Wichtig ist der Kontext

Mein kleiner frommer Schaden stammt aus dieser Familiengeschichte, denke ich. Familie ist mir wichtig, ich wollte immer viele Kinder – vier sind es schließlich geworden. Zusammenhalt in schwieriger Zeit, Gottvertrauen und die Bibel im Gepäck, das sind für mich entscheidende Lektionen im Leben.

Und dass es gut ist, biblische Worte mit ins Leben zu nehmen oder eben Gesangbuchlieder. Ja, beim Kochen hat sie oft gesungen. „Befiehl du deine Wege", „Jesu, geh voran", wenn es schwere Zeiten waren. Aber eben auch „Geh aus mein Herz und suche Freud" und „Du meine Seele, singe!", wenn es Fröhliches zu feiern gab.

All das habe ich sozusagen beim Gulasch- und Rouladenkochen nebenbei gelernt. Mir haben diese Lieder und Verse manches Mal Kraft gegeben im Leben, etwa wenn ich Angst vor Autoritäten hatte: „Der Herr ist mein Licht und mein Heil, vor wem sollte ich mich fürchten?" – Psalm 27.

Und wenn die Sorgen allzu dicht wurden, kam die Melodie in den Sinn: „Der Wolken Luft und Winden gibt Wege, Lauf und Bahn, der wird auch Wege finden, da dein Fuß gehen kann." So schwere Zeiten wie meine Großmutter hatte ich nie durchzustehen, aber all die Verse aus Bibel und Gesangbuch, sie sitzen tief. Auswendig lernen muss offenbar nicht mühsam sein und hat Langzeitwirkung.

Merkwürdige Argumentationen kommen heraus.

Selbstverständlich bin ich bin mir bewusst, dass der Mensch Bibelverse nicht aus dem Zusammenhang reißen sollte. Die merkwürdigsten Argumentationen kommen dabei heraus, der Kontext ist wichtig, der Zusammenhang. Wenn ich meine Sonntagspredigt vorbereite, lege ich großen Wert auf die Exegese. Das Theologiestudium hat mir gezeigt, wie ich Vernunft und Glaube zusammen sehen kann, wie spannend es ist, die Bibel als Zeugnis der Menschen und ihres Glaubens zu verstehen.

Im Laufe der Jahre aber wurde mir klar, dass all die Verse und Lieder für meine Großmutter nicht nette kleine Zitate waren, sondern Grundpfeiler ihres Geländers im Leben. An der Bibel hat sie sich festgehalten in all den schwierigen Jahren ihres Lebens. Hier hat sie ihre Zuversicht gefunden, hier war sie verwurzelt. Was Kriege, Flucht, neuer Anfang, Einsamkeit sicher auch für sie bedeutet haben – darüber habe ich als Kind nicht nachgedacht.

Später habe ich oft erlebt, wie Menschen in Krankheit und Sterben in Psalmen und Liedern ihre Zuflucht fanden. Und ich habe erlebt, wie ich als Pastorin hier einen Leitfaden fand, wenn es mir etwa am Totenbett eines Kindes die Sprache verschlug, aber die alten Worte dann mehr Sinn ergaben als so manche Betroffenheitsbekundung: „Und ob ich schon wanderte im finstern Tal ..." Oder als ich in einer Einrichtung für Behinderte eine Diskussion über den Lebenswert von Menschen mit schweren Behinderungen führen musste und sagen konnte: „Selig sind, die geistlich arm sind ... selig sind die reinen

Herzens sind." Den Trauspruch meiner Großeltern haben mein Mann und ich 1981 übrigens auch übernommen ...

Am 8. April 1987 habe ich meine Großmutter beerdigt. In der Traueransprache habe ich gesagt: „Am liebsten wäre Omi natürlich hier und würde bestimmen, wie alles abläuft" – da kam Heiterkeit auf in der Gemeinde. Ja, so war sie. Und einen kleinen frommen Schaden hat sie wohl vielen von uns in der Familie mitgegeben. Ich bin überzeugt, nicht nur ich denke manches Mal daran zurück. Auch meine Schwestern, meine Cousinen und Cousins und all ihre Kinder und Enkel. Wie heißt es im ersten Korintherbrief: „Die Liebe hört nie auf!"

Margot Käßmann, Dr. theol. Dr. h.c., geb. 1958 in Marburg, nach dem Theologiestudium in Tübingen, Edinburgh, Göttingen und Marburg 1983 Vikariat und 1985 Ordination. Anschließend Gemeindepfarrerin, 1992–1994 Studienleiterin an der Evangelischen Akademie Hofgeismar, 1994–1999 Generalsekretärin des Deutschen Evangelischen Kirchentages, seit September 1999 Bischöfin der Evangelisch-lutherischen Landeskirche Hannover. Sie ist verheiratet, hat vier Töchter und hat eine Reihe von Publikationen verfasst.

„Endzeit-Junkies"

Rudolf Westerheide hat zwanzig Jahre
lang gelernt, Glaube und Leben zu trennen.
Er brauchte fast weitere zwanzig Jahre,
um beides wieder zusammenzubringen.

Damit das klar ist: Ich beklage mich nicht, sondern blicke voller Dankbarkeit auf mein bisheriges Leben zurück. Diese Dankbarkeit richtet sich ausdrücklich auch an diejenigen, die in mir die Grundlagen zum Glauben gelegt haben.

Manches in meiner Jugend war allerdings schon sehr speziell: acht Geschwister und ein Vater, der höchste Anforderungen an Disziplin und Leistungsbereitschaft seiner Kinder stellte. Und die Einbindung in eine pietistische Gemeinschaft von unvergleichlicher geistlicher und menschlicher Prägung. Klingt etwas geheimnisvoll, oder?

Das war es auch, und genauso mysteriös erscheinen mir bis heute viele der theologischen und hochphilosophischen Gedankengebäude, die in mindestens drei (!) Bibelstunden pro Woche den altdeutschen Lettern vergilbter und unverändert nachgedruckter Schriften lange verblichener Glaubensväter abgerungen und weitergesponnen wurden. Längst verblichene Glaubensväter gaben bei uns eben den Ton an. Dass die „Stunden" in unserem Haus stattfanden, verlieh dieser Institution Unentrinnbarkeit für die Mitglieder der Familie – nicht mal durch Krankheit zu durchbrechen.

Zugleich waren da Eltern, die uns Kinder unglaublich in der Entwicklung unserer Gaben förderten und uns in eine außergewöhnliche kulturelle und weltanschauliche Weite führten. Einerseits in den nahezu talmudischen Versenkungen der Bibelstunden ganz und gar den Niederungen der bloßen Rechtfertigungslehre entrückt, und andererseits unhin-

Mindestens drei Bibelstunden pro Woche.

terfragbar der evangelischen Landeskirche verpflichtet. Einerseits den Vergnügungen dieser Welt gänzlich absagend, gleichzeitig aber die Zerstreuung ungezählter Theatervorstellungen genießend, entfaltete sich einerseits eine große Lebensfülle, entwickelte sich andererseits eine ungute Fähigkeit, den Glauben vom wirklichen Leben zu isolieren.

Auf den Straßen von Harmagedon

Der geistliche Teil unserer Existenz war völlig auf das Ende fixiert. Soweit es mich anging, auf das Ende der jeweiligen Stunde. Was aber die biblischen Aus- und Darlegungen betraf, ging es dagegen mehr um das Ende der Welt. Neben einigen prophetischen Stellen war es besonders die Offenbarung, die gelesen und auch zum Verständnis anderer Texte herangezogen wurde. Unter den „redenden Brüdern" gab es regelrechte Endzeitjunkies, so dass ich mich auf den Straßen von Harmagedon bald auskannte, als sei es meine Heimatstadt. Mit den teuflischen Heerführern Gog und Magog war ich schon als Zwölfjähriger auf du und du.

Die Zukunftsaussichten, die in den Auslegungen zu diesen Texten beschrieben wurden, waren ebenso Furcht erregend wie drastisch. Die Schilderungen der uns allen bevorstehenden Folter in den Kerkern der antichristlichen Schergen fanden ihre anschauliche Illustration in den Vorträgen des von amerikanischen Christen freigekauften rumänischen Pastors Richard Wurmbrand. Dieser wusste vor vollen Sälen glaubwürdig

Mit den teuflischen Heerführern auf du und du.

und anschaulich zu schildern, wie es sich anfühlt, wenn man bei Eiseskälte in einem kleinen Erdloch verrottet oder wenn einem, mit den Beinen nach oben aufgehängt, Stromstöße in den vom Überdruck des Blutes geschwollenen Kopf gejagt werden.

Wahrscheinlich war es gar nicht jede Gemeinschaftsstunde, in der solch grauenvolle Dinge besprochen wurden. Ich habe auch gute Erinnerungen an einzelne Brüder, die sich zuweilen ausdrücklich mit verständlichen und lebensnahen Botschaften an uns Kinder wandten. Aber selbst wenn nur dreißig Prozent der Stunden die endzeitlichen Schrecken zum Inhalt hatten, tauchten wir wöchentlich in ein solches Szenario ein. Heute sehe ich durchaus das berechtigte Anliegen, die Dimension von Leid oder auch Martyrium als reale Möglichkeit eines Christenlebens in den Blick zu rücken und denke, dass uns etwas von diesem Realismus in der jetzigen Wohlfühlreligiosität gut täte. Aber in meiner Erinnerung haben die Schilderungen des apokalyptischen Grauens weniger einen nachdenklichen, bei Gott Trost suchenden Ton, sondern sie hatten etwas Kokettes und Rechthaberisches gegenüber den nicht ganz so ernsthaften Christen, die sich dieser Dimension der biblischen Botschaft nicht stellten.

Wir taten es, aber es war nicht zu sehen,

dass unser Leben irgendwie anders gewesen wäre, wenn wir das nicht getan oder aber statt apokalyptischer Schrecken den unmittelbar bevorstehenden Übergang in das tausendjährige Friedensreich vor uns gesehen hätten.

Möglichst unauffällig leben!

Was mir, neben den nächtlichen apokalyptischen Albträumen, mit zunehmendem Alter viel mehr Probleme bereitete, war dieses gänzlich unverbundene Nebeneinander der vorgeblich hohen geistlichen Erkenntnisse und des täglichen Lebens. Damit keine Missverständnisse aufkommen: Die Geschwister waren als Konsequenz des Glaubens sicherlich überwiegend Muster an Ehrlichkeit und Zuverlässigkeit! Aber ansonsten galt die Devise, möglichst unauffällig zu leben.

Zwar gab es Dinge, die man nicht tat. Viele Dinge! Aber das Nicht-Tun vollzog sich so unauffällig wie möglich und man vermied fast alles, was einen öffentlich als Christ erkennbar gemacht hätte. Man prognostizierte das Weltende auf das Jahr 2000, baute aber Häuser und investierte (oftmals erstaunlich klug und weitsichtig!) in die Aktienmärkte. Man besang und beschwor in den „Stunden" die Gnade der Errettung, vermied es aber, im Alltag das Gespräch auf den Retter kommen zu lassen.

Ein negatives Schlüsselerlebnis bahnte sich an, als beim Mittagessen in einem Gemeinschaftshaus, in dem wir oft herzlich und gastlich aufgenommen wurden, das Gespräch auf die Frage kam, wie man es

Weltende? Im Jahr 2000 ...

denn als Christ mit dem Tischgebet halten solle, wenn man in säkularer Umgebung zu speisen genötigt sei. Ich konnte mir keinen der Anwesenden in einer Gaststätte – einem „Wirtshaus" – vorstellen, aber es mag die Alltagserfahrung von Werkskantinen und behördlichen Pausenräumen dahinter gestanden haben. Nie werde ich vergessen, wie der leitende Bruder, gleichsam ein Rabbi, zu dem von weit her in großen Zahlen die Rat Suchenden und Wissbegierigen kamen, den mit eigener Erfahrung abgedeckten Rat gab, man solle sich doch innerlich sammeln und während des stumm gesprochenen Gebets mit dem Löffel in der Suppe rühren. Auf diese Weise könne man der Verpflichtung zum Dank- und Segensgebet nachkommen ohne Gefahr zu laufen, als Christ erkannt zu werden.

> Die Prägung führte zu einem Doppelleben übelster Sorte.

Wir lebten nicht nur in zwei Welten, sondern wurden angeleitet, beide säuberlich getrennt zu halten und uns in der einen nichts von der anderen anmerken zu lassen!

Fromme Schizophrenie

Diese Kultur frommer Schizophrenie war mir schon als Fünfzehnjährigem bewusst geworden. Ich spürte, dass das nicht zu dem passte, was ich bisher aus der Bibel verstanden hatte. Zugleich hatte sie sich aber bereits tief in mir festgesetzt – und das mit gravierenden Folgen. Diese Prägung führte mich in ein Doppelleben ziemlich übler Sorte. Es gab die fromme Welt, die durchaus etwas Faszinierendes hatte und in der sich mir wunderbare Menschen in liebevoller Geschwisterlichkeit zuwandten. Nie werde ich vergessen, wie ein steinreicher Industrieller mir als vielleicht Dreizehnjährigem in die Augen sah und in echter Demut sagte: „Wir sind doch vor Jesus Brüder. Da sagst du nicht ‚Sie' zu mir, sondern Johannes."

Daneben gab es aber eine ganz andere Welt, die mich nicht weniger faszinierte und in der ich mir eine führende Rolle zu erarbeiten wusste. Ich war der große „Macker", und ich muss nicht ausmalen, was das auf dem Schulhof, in der Clique, auf den Feten und am Tresen bedeutete. Der Fantasie sind wenig Grenzen gesetzt. Ich danke Gott, dass er mich vor Schritten bewahrt hat, deren Folgen mein Leben und das anderer Menschen dauerhaft und unwiederbringlich belastet hätten.

Ich wusste eigentlich immer, dass das so nicht gut gehen kann, und trug auch den Wunsch in mir, von der ungeheuren Anstrengung dieses Doppellebens befreit zu werden. Und so begann ein langer, mühsamer Weg zur Ganzheitlichkeit.

Ein mühsamer Weg zur Ganzheitlichkeit.

Einziges männliches Wesen

Dabei half mir ausgerechnet unser nicht pietistisch geprägter und von unserer Familie zunächst sehr kritisch beäugter Gemeindepastor. Aus welchen Gründen auch immer – ich muss auch im Konfirmandenunterricht ein ziemlicher Flegel gewesen sein – berief er mich bald nach der Konfirmation zum Kindergottesdiensthelfer. Ich weiß nicht genau, warum ich damals zugesagt habe. Ich weiß nur, dass ich nicht wusste, welche Erfahrungen das mit sich bringen würde.

Es war eine wirklich schöne Welt, die sich am Sonntagmorgen in unserem Gemeindehaus auftat. Besonders wohltuend war eine mir bis dahin nicht bekannte lockere und zugleich echte geschwisterliche Gemeinschaft unter den Mitarbeiterinnen, unter denen ich mich als einziges männliches Wesen trefflich zu bewegen wusste. Auch bei den Kindern war ich außerordentlich beliebt – aus mir unerfindlichen Gründen, denn meine pädagogischen und didaktischen Fähigkeiten waren ziemlich beschränkt.

Aber es gab da nicht nur die schöne Gemeindehaus-Kindergottesdienst-Welt, sondern auch den etwa einen Kilometer langen Weg dorthin. In den ersten Wochen ging das ganz problemlos, aber bald wurde unter den Kindern bekannt, welche Strecke ich ging, um von meinem Elternhaus zum Gemeindezentrum zu gelangen. Und diejenigen, die an der Route wohnten, machten es sich zur Angewohnheit, auf mich zu warten und mir durch das ganze Neubaugebiet hindurch Gesellschaft zu leisten. So kam es, dass ich allsonntäglich wie der Rattenfänger von Hameln ebenso unfreiwillig wie unübersehbar einer munteren Schar begeisterter Jungen und Mädchen voranschritt – vorbei an den Parkplätzen, auf denen sich meine Kumpels zur Abfahrt zu den sonntäglichen Fußballturnieren sammelten.

Wie der Rattenfänger von Hameln.

Die verwunderten Blicke und die wenig zurückhaltenden Kommentare am Montag in der Schule waren auf heilsame Weise unentrinnbar und zwangen mich zu ersten Schritten aus dem verborgenen Christsein heraus. Meine fromme Seele nach ihrer Enttarnung noch zu leugnen – dazu war ich dann doch zu stolz.

Freiheit zur Satellitenschüssel

Damit begann ein fast zwanzigjähriger Weg zu einem ganzheitlichen Glauben. Die Übereinstimmung zwischen dem, was man im internen Zirkel sagt, und dem, wie man das wirkliche Leben gestaltet, gelingt zwar keineswegs immer. Aber immerhin ist sie das angestrebte und tatkräftig verfolgte Ziel. Es war für mich ein Weg in die Freiheit, heraus aus der Schizophrenie zweier Identitäten, die das Leben auf Dauer ungeheuer anstrengend macht.

Diese Freiheit ist sehr alltagsnah. Sie bedeutet zum Beispiel, dass eine Satellitenschüssel einfach da ist und unverhohlen ihrer „schöpfungsgemäßen" Bestimmung dient. Sie muss nicht hinter Hecken verborgen werden, und ich brauche mich im Fall der Entdeckung nicht mit der Ausrede vom besseren Empfang des Evangeliums-Rundfunks zu belasten.

Was noch weit wichtiger ist: Diese Freiheit bedeutet, auch im außergemeindlichen Umfeld offen, stolz und fröhlich über Jesus reden und sich zu ihm bekennen zu können. Gerade in diesem Bereich führte mein Weg in die Freiheit über besonders viele tief verinnerlichte Barrieren. Wir waren ja in unserer elitären Gemeinschaft der Wissenden auf Geheimhaltung getrimmt, so dass ein offenes Bekenntnis nicht nur mit dem Verdikt des marktschreierischen Perlen-vor-die-Säue-Werfens belegt war, sondern fast wie ein Verrat wirkte, weil man damit gewissermaßen im Feindesland die Tarnung der ganzen Gruppe auffliegen ließ.

Was ist von diesem Schaden geblieben? Nichts – außer schmerzlichen Erinnerungen. Menschen wollten es gut machen und haben einiges schlecht gemacht. Aber Gott hat am Ende etwas Gutes daraus werden lassen. Finde ich.

Rudolf Westerheide, Jahrgang 1960, lebt mit seiner Frau und den drei Töchtern in Lemgo. Neben ihnen liebt er vor allem die Musik und das Meer. Nach beruflichen Stationen als Studienleiter, Gemeindepfarrer und Referent der Evangelischen Allianz leitet er seit 2004 als Bundespfarrer den Deutschen Jugendverband „Entschieden für Christus" (EC). Neben verschiedenen Büchern und zahlreichen Artikeln ist er besonders durch eine umfangreiche landesweite Vortrags- und Predigttätigkeit bekannt geworden.

„Brav sein"

„Braves-Mädchen-Syndrom" nennt Elisabeth
Vollmer ihre Neigung, es allen recht zu machen.
Heute trainiert sie in einer fünfköpfigen Familie
und in einer katholischen Gemeinschaft ein
Leben zwischen ihren eigenen Zielen und
selbst gewählter Anpassung.

Ich wurde in einer gut katholischen Familie groß. „Groß" ist dann auch gleich mein erstes Stichwort: Wir waren eine wirklich große Familie. Die ersten drei Kinder waren noch vor dem allgemeinen Pillenknick geboren. Als alle dachten, es könnte ja jetzt reichen, folgte ich mit zwei jüngeren Geschwistern – in einer Zeit, in der „so was" nicht mehr „nötig" gewesen wäre. Meine Eltern (und ich) bekamen das direkt oder indirekt immer wieder zu hören.

Die klare Konsequenz für mich: Wenn bei drei Kindern die magische Obergrenze für gute deutsche Familienplanung lag, dann musste die „zumutbare Gesamtsumme für Unartigkeit" von drei Kindern auf sechs verteilt werden. Dass insbesondere den später geborenen Kindern die Pflicht zur Unauffälligkeit oblag, schien mir logisch. Anders meinem nachgeborenen Bruder. Heute würde man wohl ADS dazu sagen, für mich war einfach nur klar: Andi war so auffällig, dass für mich kein ungezogenes Verhalten mehr drin war. Und weil unsere Familie auch noch fromm war, wollte ich möglichst keinen Ärger machen.

Wohlerzogene Kinder

Meine Eltern gehören einer katholischen Gemeinschaft an. Das wurde im Dorf, in dem ich groß geworden bin, immer etwas kritisch beäugt. Alles, was über den traditionell katholischen Rahmen hinausging, war verdächtig. Meine Eltern taten ihr Bestes, diese Vorbehalte zu entkräften: durch engagierte Mitarbeit in der Gemeinde und auch durch eine „gewisse Unauffälligkeit". Brave, wohlerzogene Kinder waren dabei ein wichtiges Kriterium – und ich tat alles, um diesem gerecht zu werden.

Für mich war kein ungezogenes Verhalten mehr drin.

So wurde ich groß mit der inneren Festlegung „brav sein" zu müssen. Ich wollte meinen Eltern keinen Kummer machen, den Leuten keinen negativen Anstoß geben – und ein wenig redete ich mir wohl sogar ein, dass ich nur angepasst und unauffällig, fleißig und unkompliziert eine wirkliche Daseinsberechtigung in unserer Gesellschaft hätte.

Neben der Tatsache, dass ich für meine Eltern dadurch ein relativ „angenehmes" Kind war, machten sie sich doch auch gelegentlich Sorgen, dass ich mich nicht genug durchsetzen, meinen eigenen Weg nicht finden könnte. Das haben sie mir aber erst im Erwachsenenalter erzählt. Als Kind hatte ich den Eindruck, dass „brav" und „richtig" beliebig austauschbare Begriffe waren ... und ich wollte es ja unbedingt „richtig" machen.

Es entwickelte sich das, was ich heute mein „Braves-Mädchen-Syndrom" nenne und das ich immer wieder einmal bei mir entdecke.

Mein „Braves-Mädchen-Syndrom".

Eine weitere Konsequenz dieses anderen Lebensstils war, dass unsere Urlaubsziele niemals Italien, Dänemark oder andere verheißungsvoll klingende Namen trugen. Lange Jahre waren es diverse Familienfreizeiten in deutschen Landen, bei denen ich mich zwar sehr wohl gefühlt habe. Am Ende stand ich aber doch nicht so ganz gerne dazu, wenn am ersten Schultag alle von ihren Urlaubszielen in weiter Ferne berichteten. Doch mehr war finanziell in dieser Zeit einfach nicht drin. (Und ich würde es heute selbst nicht anders machen, schätze ich doch den Wert einer Erholung an Leib, Seele und Geist.)

Der Spagat misslingt

Den Spagat, es auf der einen Seite meinen Eltern recht machen zu wollen, auf der anderen Seite aber auch unter meinen gleichaltrigen Freunden akzeptiert zu sein, schaffte ich mit zunehmendem Teenager-Alter immer schlechter. Ich versuchte es allen recht zu machen und fragte mich in ehrlichen Stunden mit mir alleine immer wieder, wer ich denn nun eigentlich wirklich war.

Ob mich irgendwer so kannte und liebte, wie ich war? Konnte überhaupt jemand dazu in der Lage sein, wenn ich nicht wirklich so lebte, wie ich war, sondern so, wie ich vermutete, dass die anderen es „richtig" fänden? In diesem Dilemma gefangen, entfernte ich mich innerlich immer mehr von Gott und meinem Glauben, während ich äußerlich den „frommen Schein" aufrecht erhielt.

Irgendwann in dieser Teenagerphase veränderte sich meine Reaktion auf die Herausforderungen und Anfragen meiner Umwelt. Hatte ich früher eher geschwiegen und weggeschaut, ging ich nun in die Offensive. Ich machte die Erfahrung, dass ich gar nicht so schwach war, wie ich geglaubt hatte.

Ich erinnere mich noch gut an einen Streit mit meiner Freundin, die in unserer Freundschaft meist das letzte Wort und Recht behalten hatte. Einmal schoss ich zurück, statt verletzt zu resignieren, und stellte fest, dass auch ich verletzen konnte. Dass sie resigniert und ich „gewonnen" hatte. Ich entwickelte nach außen immer mehr eine Dominanz und Extrovertiertheit, während ich in meinem Inneren noch das „brave Mädchen" war, mit einer großen Sehnsucht nach Annahme und Akzeptiertsein.

Dann fiel ich auf der anderen Seite vom Pferd.

Dass ich dabei eher auf der anderen Seite vom Pferd fiel und manchem in meiner Umgebung die Luft zum Atmen nahm, war mir nicht bewusst. Ich empfand mich als stark und das war ein gutes Gefühl, das ich nicht mehr gegen die frühere Verletzlichkeit eintauschen wollte.

Ein unangenehmer Zeitgenosse

Von Gott war ich innerlich weit entfernt, aber er ließ mich nicht los. Auch wenn ich „nur körperlich anwesend" in der Gemeinde saß, schaffte es eine Freundin mich anzusprechen. Sie erzählte mir davon, wie sie den Glauben neu entdeckt hatte und ließ nicht locker, bis ich mich schließlich in einem „Glaubenkurs" wiederfand. Meine starke Fassade hatte sich in der Zeit zuvor immer wieder als bröckelig erwiesen.

Über die acht Abende des Kurses war ich für die Kursleitung eine unangenehme Zeitgenossin. Ich stellte erst mal grundsätzlich jedes Wort infrage, schien nicht im Geringsten berührt. Doch hinter meiner Fassade arbeitete es gewaltig und beim Abschlussgottesdienst traf mich das Liebesangebot Jesu ins Herz: Ich machte zur Überraschung der Kursleiter einen großen Satz in die Arme Gottes, indem ich ganze Sache und einen neuen Anfang mit Jesus machte.

Ein großer Satz in Gottes Arme.

Nun würde ich ja gerne erzählen, dass seit damals mein Leben ein Traum, mein Selbstbewusstsein unerschütterlich (schließlich bin ich ein Königskind!), meine Nächstenliebe grenzenlos (habe ich doch die Gabe des Helfens) und mein „Braves-Mädchen-Syndrom" Vergangenheit ist. Das wäre doch ein wirklich gelungener Abschluss für diesen Beitrag.

Doch würden Sie es mir wahrscheinlich ohnehin nicht abnehmen, und es würde auch so gar nicht der Realität entsprechen. Ich gehe meinen Weg. Schwankend und immer in Gefahr auf der einen („Braves-Mädchen-Syndrom") oder anderen (dominantes Auftreten) Seite vom Pferd zu fallen. Wenn ich heute anderen erzähle, dass meine Eltern sich einmal Sorgen darum gemacht haben, ich könnte mich nicht genug durchsetzen, dann können sie das oft kaum glauben.

Meine Dominanz tritt wohl deutlicher zu Tage als das brave Mädchen, obwohl ich selbst es oft umgekehrt empfinde.

Ich gehe meinen Weg. Schwankend.

Ich kann es nicht allen recht machen

Was ich aber mit den Jahren gemerkt habe, ist die nicht besonders neue, aber für mich neu zu lernende Tatsache, dass ich es nicht allen recht machen kann und auch gar nicht soll. Ich darf so sein, wie ich bin.

Natürlich möchte ich auch wachsen und mich zum Besseren hin entwickeln. Aber es können und werden mich nicht alle lieben, und ich werde es niemals allen recht machen. Aber einige mögen mich. So lerne ich immer mehr, die zu sein, die ich bin. Ich habe auch gelernt zu akzeptieren, dass ich dabei doch immer wieder daneben liege, in mein „Braves-Mädchen-Syndrom" zurückfalle und es gerne hätte, dass mich zumindest fast alle nett finden.

Weil Gott mich ganz genau kennt und weiß, was ich brauche, hat er mir einen Mann geschenkt, der mich wirklich so liebt, wie ich bin. Als „Zugabe" habe ich drei wunderbare Kinder bekommen, die ein gutes Lernfeld sind, meinen frommen Schaden weiter zu beheben. Sie sind aufmüpfig, laut, und ich habe keine Chance, mit ihnen nicht aufzufallen oder mich auf Erziehungslorbeeren auszuruhen.

In dem Aufstellbüchlein mit Zitaten von Gordon MacDonald steht heute: „In der Nachfolge geht es nicht darum, nette, freundliche Leute hervorzubringen, die nicht auffallen und niemals Ärger machen. Wir sollen Menschen sein, die sich von Jesus prägen lassen."

Das ist wohl die beste Medizin gegen meinen frommen Schaden. Also passen Sie auf, wenn Sie mir begegnen: Es könnte sein, dass ich auffalle oder sogar Ärger mache ...

Elisabeth Vollmer, Jahrgang 1970, gerne verheiratet mit Jürgen. Drei Kinder (auch gerne ...): Simon, Jonas und Tabea. Im früheren Leben Arzthelferin, seit Geburt ihrer Kinder Familienfrau und seit drei Jahren teilzeitlich als Integrationshilfe für ein behindertes Kind in einem Regelkindergarten tätig. Außerdem Mitglied in der katholischen Gemeinschaft „Neuland – Gemeinschaft im Gemeindeaufbau".

„Entrückung an der Ampel"

Martin Buchholz über
nächtliche Erleuch-
tungen, christliche
Autoaufkleber und
die Entrückungs-
Erwartungen, die
seine Kindheit
geprägt haben.

Wenn ich das kleine fromme Trauma meiner Kindheit loswerden will, dann brauche ich künftig eigentlich nur die Veranstaltungen zorngeröteter Endzeit-Prediger und ihre Droh-Botschaften vom „jüngsten Gericht und ewigem Feuer für alle Nicht-Erwählten" zu meiden. Dachte ich. Bog um die nächste Häuserecke. Und prallte beinahe auf die Heckklappe eines alten Fiats. Darauf prangte ein großer Aufkleber: „Bei der Entrückung wird dieses Fahrzeug führerlos sein!" Kurz darauf, unterwegs auf der Autobahn, spielten sie im Pop-Radio „Armageddon" von Xavier Naidoo und den „Söhnen Mannheims": „Armageddon kommt oder ist in vollem Gange! Macht euch große Sorgen, denn jetzt sind wir in der Zange! Ich bange um mein Leben, denn ich höre von den Beben. Und nur für Einhundertvierundvierzigtausend wird es Rettung geben."

„Jetzt sind wir in der Zange!"

Und während ich noch darüber nachdachte, wie die postpubertären kleinen Schäden von Xavier und Co. wohl ihren Weg ins öffentlich-rechtliche Radio gefunden haben mögen, sah ich mich selber plötzlich wieder dort stehen, wo ich als siebenjähriger Knabe schon einmal stand. An einem späten, dunklen Winternachmittag. Vor einer roten Ampel in meiner Heimatstadt Cuxhaven.

Noch einmal davongekommen

Da ist er wieder, der kleine, fromme Junge, der die Wartepause nutzt, um sich den sternenklaren Himmel anzuschauen. In dem Moment entdecke ich dort oben eine ganze Traube greller Lichter. Es durchfährt mich siedend heiß, denn der Fall ist klar: Die himmlischen Heerscharen befinden sich im Anflug! Gleich werden die Posaunen ertönen. Dann aber das Gericht …

Hastig bete ich um Vergebung meiner Sünden, um bei der nun folgenden „Entrückung der Auserwählten Gottes" nicht doch zurückzubleiben. Ich sage „Amen" und stelle fest, dass die Lichter irgendwie gar nicht näher kommen. Können sie auch nicht, weil man sie zur elektrischen Beleuchtung an der Spitze eines Hochkrans installiert hat. Die Ampel schaltet auf Grün. Und ich bin noch einmal davongekommen …

Ich sagte „Amen", aber die Lichter kamen nicht näher!

**Schweiß-
gebadet
im Bett
erwacht.**

Manche von Ihnen, die im pietistisch-evan-
gelikalen Biotop heranwuchsen, werden nun
wissend lächeln, vermute ich. Weil sie selber
schon als Kinder nachts oft schweißgebadet
im Bett erwachten. Mit dem sicheren Gefühl, die „Entrückung" habe soeben ohne
sie stattgefunden.

Andere aber mögen besorgt den Kopf
schütteln und sich fragen: Wie kommt ein
siebenjähriges Kind zu solch überspannten
religiösen Fantasien?

Bei mir war es wohl die freikirchliche
„Sonntagsschule". Und das kam so.

Unlösbare Konflikte
eines Sechsjährigen

Meine Eltern gingen jeden Sonntag mit uns
Kindern in den Gottesdienst der Freien evangelischen Gemeinde. Noch bevor ich lernte,
mir selber die Schuhe zuzubinden, kannte ich
die meisten Geschichten aus der Bibel. Und
viele Choräle sind mir von Kindesbeinen an
vertraut. Dafür bin ich meinen Eltern dankbar.

Bis heute denke ich, dass es Quatsch ist,
wenn Eltern oder Schulbehörden sagen,
dass Kinder „weltanschaulich neutral" erzogen oder unterrichtet werden sollten. In
Sachen Werte und Weltanschauung gibt's
keinen luftleeren Raum. Alle Kinder fragen irgendwann, wo sie selber eigentlich herkom-
men, wo der gestorbene Opa jetzt ist und
ob Klauen auch dann nicht gut ist, wenn's
keiner merkt. Wie wollen Sie darauf „weltanschaulich neutral" antworten?

Mein Eindruck ist: Eltern, die versucht
haben, ihren Kindern Kirche, Bibel und den

lieben Gott möglichst vom Hals zu halten, weil sie selber damit schlechte Erfahrungen gemacht haben, diese Eltern können keineswegs immer damit rechnen, dass die Kinder ihnen später dazu gratulieren.

In einem Uni-Seminar des Theologen Fulbert Steffensky diskutierten die Studenten einmal über ihre religiöse Erziehung. Eine Studentin ereiferte sich stundenlang, wie engstirnig fromm ihre Eltern sie erzogen hätten und wie froh sie gewesen sei, als sie endlich ausbrechen konnte aus dieser Welt. Daraufhin sagte eine andere: „Warum regst du dich so auf? Sei doch froh. Du hast wenigstens etwas, von dem du weggehen kannst!"

Getauft wurde ich als Säugling nicht. In evangelischen Freikirchen wird die „Gläubigentaufe" praktiziert. Dahinter steht die Überzeugung, dass ein Mensch sich erst aufgrund einer persönlichen Entscheidung für den christlichen Glauben taufen lassen sollte. Das mit der „persönlichen Entscheidung" klingt einleuchtend, stellte mich aber schon als sechsjährigen Knaben vor unlösbare religiöse Konflikte.

Dass Jesus mich lieb hat und dass man sich mit all seinen Sorgen an ihn wenden kann, das war mir wichtig und selbstverständlich, so lang ich mich zurückerinnern kann. Unheimlich an der Sache war bloß, dass wir schon im Kindergottesdienst lernten, was mit all denen passiert, die nicht an Jesus glauben: Da loderten schon die Flammen des ewigen Höllenfeuers.

Wer so nicht enden wollte, der musste folglich sichergehen, dass er auch „richtig"

Da loderten die Flammen des Höllenfeuers.

und ganz fest an Jesus glaubte. Und da begannen meine theologischen Probleme als Erstklässler: Wie geht das: „richtig" glauben? In der Sonntagsschule lernten wir: „Du musst dein Leben Jesus übergeben!" – „Du musst dich für Jesus entscheiden!" – „Du musst dich zu Jesus bekehren!"

Und ich fragte mich nicht nur regelmäßig, sondern täglich: Hab ich mich schon „richtig" für Jesus „entschieden"? Oder noch nicht so ganz „richtig"? Also bekehrte ich mich sicherheitshalber jeden zweiten Tag aufs Neue, beichtete im inbrünstigen Gebet alle Sünden, die mir einfielen, auch die gleich mit, die mir jetzt gerade nicht einfielen. Und hoffte darauf, dass es reichen würde für die himmlische Eintrittskarte, wenn Jesus demnächst wie ein Dieb in der Nacht „wiederkommt, zu richten die Lebenden und die Toten"! Und das konnte ja jeden Tag eintreffen! Darum war äußerste Vorsicht geboten. Darum rechnete ich jederzeit mit der „Entrückung der Auserwählten" und gestehe meine Erleichterung darüber, dass sie ausblieb.

Wie geht das – „richtig glauben"?

Muntere Spekulanten

Da Sie diese Zeilen soeben lesen, stelle ich fest: Offensichtlich ist sie bis heute ausgeblieben. Und das, obwohl schon der erste christliche Theologe Paulus vor zweitausend Jahren noch zu seinen Lebzeiten mit ihr rechnete: „Danach werden wir, die Lebenden, die übrigbleiben, entrückt werden in Wolken dem Herrn entgegen in die Luft", schrieb er zirka im Jahr 50 nach Christi Geburt an die Gemeinde der Thessalonicher (1. Thessalonicher 4,17).

Übrigens der einzige Bibeltext, in dem vom „Entrücktwerden" die Rede ist. Das Substantiv „Entrückung" kommt wörtlich in der Bibel überhaupt nicht vor. Und hat die fromme Fantasie doch umso mehr beflügelt. Dem kalifornischen Pastor Tim LaHaye genügte schon der eine Hinweis von Paulus, um gleich neun Endzeit-Thriller zum Thema „Entrückung" zu schreiben: „Left behind" – „Zurückgelassen" – heißen die. Und waren sehr erfolgreich!

So richtig „entrückt" wurden meines Wissens bislang überhaupt nur zwei Leute. Nämlich Henoch, den Gott – laut 1. Mose 5,24 – „hinwegnahm". Und der Prophet Elia (2. Könige 2,11). Aber das geschah ja noch zu Zeiten des Alten Testamentes und ist damit auch schon ziemlich lange her.

Vielleicht sollten wir Christen es in Sachen „Entrückung" also besser mit dem vorsichtigen Hinweis des „Lexikons zur Bibel" aus dem R. Brockhaus-Verlag halten: „Wie sie sich vollzieht, ist letztlich ein Geheimnis des Herrn."

Aber leider geben sich damit viele ja keineswegs zufrieden, sondern spekulieren munter drauflos, wie es einst zugehen wird bei der „Entrückung", wer dabei sein darf und wer sicher nicht. Und richten damit manchen frommen Schaden an. Dass es bei mir, wie ich glaube, bei einem kleinen Schaden geblieben ist, dafür bin ich meinen geistlichen Lehrerinnen und Lehrern dankbar.

Denn sie halfen mir, vor allem die schlichten großen Offenbarungen des christlichen Glaubens zu verinnerlichen. Solche Gedan-

Die fromme Fantasie beflügelt.

ken wie aus dem wunderbar kitschigen alten Lied: „Gott ist die Liebe, lässt mich erlösen. Gott ist die Liebe. Er liebt auch mich."

Von diesem Geheimnis erzählen wir auch unserer Tochter. Was Gott am Ende der Zeiten noch alles vorhat, soll seine Sorge sein und bleiben.

Weil Gott Liebe ist und Jesus Christus dafür geradesteht, brauche ich keine verzückten Entrückungsspezialisten und Endzeit-Spekulanten mehr. Gott sei Dank!

Martin Buchholz, Jahrgang 1966, ist evangelischer Theo-
loge. Er arbeitet vorwiegend als Filmemacher für ARD,
ZDF und arte, aber auch für Hörfunk, Printmedien und als
Buch-Autor. Daneben hat er als Singer-Songwriter mehrere
CDs veröffentlicht und ist zu Konzerten und Vorträgen
unterwegs. Er lebt mit seiner Frau und seiner Tochter am
Rande von Köln. www.martinbuchholz.com

„Heilsgewissheit"

Christof Klenk über
seine Kindheit hinter
dem Missionszelt,
Bekenntnisse im
Kindergarten und die
Zweifel an seinem
Glauben. Und über
die Frage, wie er
heute mit seinen
eigenen Kinder an-
gemessen von Gott
und Jesus spricht.

Ich bin in einem streng pietistischen Umfeld aufgewachsen. Mein Vater arbeitete bei einem Missionswerk. Wir wohnten sogar auf dem Gelände dieser Institution. Das Haus, in dem ich aufgewachsen bin, steht an einer Wiese, auf der mehrmals im Jahr ein Zelt aufgebaut wird. In diesem Zelt finden Versammlungen statt, zu denen bis zu siebentausend Menschen pilgern. Natürlich reichen die Parkplätze auf dem Missionsgelände nicht. Also wird die kleine Stadt, die unterhalb liegt, plötzlich von einer Menge frommer Leute überfallen, die einen Parkplatz suchen und nach erfolgreichem Abstellen ihres Gefährts in Richtung Zelt wandern.

In meiner Kindheit war das ein ganz besonderer Anblick, weil sich die Besucher – zumindest die weiblichen – deutlich vom Rest der Bevölkerung abhoben. Die Frauen trugen lange Röcke und die Haare in einem Knoten. Zwei Bibelstellen waren dafür verantwortlich: „Lehrt euch nicht auch die Natur, dass es für einen Mann eine Unehre ist, wenn er langes Haar trägt, aber für eine Frau eine Ehre, wenn sie langes Haar hat? Das Haar ist ihr als Schleier gegeben", schreibt Paulus an die Korinther und deshalb durften die Pietistinnen, die sich dem Missionswerk verbunden fühlten, keine Kurzhaarfrisur tragen. Hosen gingen auch nicht, denn: „Eine Frau soll nicht Männersachen tragen und ein Mann soll nicht Frauenkleider anziehen; denn wer das tut, der ist dem Herrn, deinem Gott, ein Gräuel." So steht es in 5. Mose 22, Vers 5. Mittlerweile hat man in meiner geistlichen Heimat gemerkt, auf welch tönernen Füßen diese Aus-

Hosen gingen auch nicht.

legung steht, denn Frauen trugen damals im alten Israel tatsächlich auch Hosen.

Jedenfalls hatten wir jede Menge Besuch von Leuten im Pietistenlook, wenn Veranstaltungen im Missionszelt stattfanden. Unsere Terrasse lag nämlich direkt hinter dem Podium. Man sah den Prediger zwar nicht, weil dazwischen eine Zeltplane war, hören konnte man ihn umso besser. Während das Zelt mit harten Bänken ausgestattet war, standen auf unserer Terrasse bequeme Campingstühle, und meine Mutter servierte in den Pausen auch noch Nusszopf. Kein Wunder, dass es an diesen Tagen immer eine Vielzahl von Leuten gab, die zu uns zu Besuch kamen.

> Man sah den Prediger nicht, dafür gab es Nusszopf.

„Wer zu Jesus gehören will – hierher!"

Ich bin ein Mensch, der Rückzugsmöglichkeiten braucht. Deshalb mochte ich diese Veranstaltungen nicht sonderlich. Damit will ich nicht sagen, dass mir die Invasion der Frommen auf Dauer geschadet hätte. Aber manches von dem, was bei diesen und anderen Versammlungen im Umfeld des Missionswerkes verkündet wurde, hat einen tiefen Eindruck bei mir hinterlassen.

Es gibt dabei sicherlich viel Positives. Ich habe mich schon sehr früh für ein Leben mit Jesus entschieden. Das hat mir wahrscheinlich einiges erspart. Ich muss nicht an den Folgen einer wilden Phase knabbern, weil es die nie gab. Ich war nie drogensüchtig, habe keine unehelichen Kinder in die Welt gesetzt und muss keine Spielschulden abbezahlen (wobei ich nicht behaupten will, dass das automatisch so gekommen wäre, wenn ich mich nicht für Jesus entschieden hätte).

Trotzdem denke ich im Nachhinein, dass meine Kindheit durchaus etwas unbeschwerter hätte ablaufen können. Meine Eltern nahmen mich ab und zu – wenn parallel keine Kinderbetreuung stattfand – auch in Veranstaltungen mit, die nicht direkt für Kinder ausgelegt waren. Ich war ein sehr aufnahmefähiges Kind. Manches blieb hängen und trug Früchte in einer Weise, wie es von den Verkündigern möglicherweise gar nicht gewollt war. So wurde ich in diesem Umfeld ein sehr gewissenhaftes und überzeugtes Kind.

Denn Karneval ist böse.

Jedenfalls habe ich mit etwa vier Jahren meine Erzieherinnen im Kindergarten zur Verzweiflung gebracht, weil ich gegen den Karneval (und wahrscheinlich gegen die Kindergartenfasnacht) opponiert habe. „Wer zu Jesus gehören will, hierher", soll ich gerufen haben, um die Spreu vom Weizen zu trennen. Denn Karneval war böse. Da konnte man als Christ keinesfalls mitmachen. So viel hatte ich gelernt.

Schlaflose Nächte

Damals hat es mir nichts ausgemacht, dass ich bei Fasnachtsfeiern in Kindergarten und Schule nicht dabei war. Am Faschingsdienstag gab es sowieso ein ziemlich attraktives Alternativprogramm: den Jungschartag. Bei dieser Gelegenheit trafen sich Jungschargruppen aus dem Bezirk und trugen allerlei Wettbewerbe gegeneinander aus.

Belastet hat mich damals etwas ganz anderes: die Heilsgewissheit. Mit fünf Jahren kämpfte ich mich durch schlaflose Nächte, weil ich um meine Heilsgewissheit fürchtete und nicht wusste, wo ich nach meinem Ableben einmal landen würde. Bei einem Silvestergottesdienst hatte der Direktor des Missionswerkes – sein Wort wog schwer – behauptet, nur wer genau wisse, dass er durch Jesus gerettet sei, komme auch in den Himmel.

Ob Jesus mich mitnehmen würde?

Ich war mir da ziemlich unsicher und hatte große Angst, dass Jesus wiederkommen und mich nicht mitnehmen würde, weil ich keine Heilsgewissheit hatte. Zumal ich schon von meiner Oma wusste, dass Jesus wahrscheinlich traurig sein würde, wenn er wiederkäme und sähe, dass meine Kleider nicht ordentlich zusammenlegt waren.

Nach einigen Gesprächen mit meiner Mutter habe ich sie dann erlangt, die Heilsgewissheit. Aber auch fortan war ich einer Vielzahl von Bekehrungsaufrufen ausgesetzt. Irgendwie spielte damals die Bekehrung eine überragende Rolle. Ich weiß nicht, wie oft ich mich bekehrt habe, aber als Kind haben mich viele evangelistische Predigten angesprochen. Diese Predigten begannen ja meist mit der Schilderung des gefallenen, sündigen Menschen, der von Gott getrennt ist und einen entsprechenden Lebenswandel an den Tag legt.

Irgendwie konnte ich mich in diesem gefallenen Menschen gut wiedererkennen, denn mein Betragen in der Schule entsprach nicht meinen Vorstellungen von einem guten Christen. Außerdem klappte es mit der Stillen Zeit häufig nicht und dem Missionsbefehl Jesu konnte ich auch nicht entsprechen. Also bekehrte ich mich erneut, musste aber feststellen, dass bei mir nicht die große Veränderung eintrat, die der Evangelist so wortreich beschrieben hatte. Mit sieben hat mich ein Missionsgottesdienst so angesprochen, dass ich dem Prediger während der Veranstaltung versprochen habe, nach Neuguinea in die Mission zu gehen.

Lohnt es sich zu kämpfen?

Also bekehrte ich mich erneut.

Trotz Heilsgewissheit war ich mir auch später nie so ganz sicher, ob ich ein richtiger Christ bin. Dieses Gefühl, nicht zu genügen, sorgte mit der Zeit für eine gewisse Resignation. Im Grunde muss ich auch heute noch gegen das Gefühl ankämpfen, dass ich sowieso nur versagen kann. Lohnt es sich überhaupt, ein konsequentes Leben mit Jesus zu versuchen, wenn Gott am Ende doch nicht mit mir zufrieden ist? Müsste ich nicht viel mehr aus mir rausholen? Gegen solche Fragen und Gedanken muss ich ankämpfen. Inwieweit diese Art des Denkens von dem abhängt, was ich als Kind gelernt habe, vermag ich nicht zu sagen. Sicherlich spielt auch die Veranlagung eine große Rolle.

Im Nachhinein sehe ich es aber als großes Manko an, dass damals sehr viel über die Sünde und sehr wenig über den Wert des Menschen gepredigt wurde. Dass wir zunächst einmal Ebenbilder Gottes sind, fand kaum Erwähnung. Meine ausgeprägte Auffassungsgabe hat die Wirkung der Verkündigung sicherlich verstärkt.

Die Rolle meiner Eltern sehe ich recht positiv. Obwohl sie die pietistische Frömmigkeit glaubhaft lebten, hatten sie eine gesunde Distanz zu der Gesetzlichkeit, die damit des Öfteren einherging. Meine Mutter trug zwar auch einen Knoten, aber ihr Seelenheil hing davon nicht ab.

Wir hatten sogar einen Fernseher. Ich glaube fast, dass wir damit eine Zeit lang die Einzigen waren. Ein bisschen Heuchelei war aber schon dabei. Wenn es an der Tür klingelte, wurde der Fernseher versteckt, damit er niemandem „zur Anfechtung wird".

Ich hätte gerne mal einen Besucher erlebt, der durch unseren Fernseher angefochten würde. Was würde dann passieren? Würde er aus dem Haus rennen und sich im nächsten erreichbaren Laden ein TV-Gerät kaufen und dann Tage und Nächte davor verbringen?

Gott ist nicht so kleinlich

Vielleicht hätten mich meine Eltern vor der einen oder anderen Veranstaltung bewahren können. Ein Kind von vier Jahren muss sich meines Erachtens weder über den Karneval noch über Hölle, Tod und Teufel Gedanken

> Ein bisschen Heuchelei war schon dabei.

machen. Ich war überfordert mit dem, was ich hörte und mitbekam. Aber ich kann gut verstehen, warum mich meine Eltern mitgenommen haben. Sie waren davon überzeugt, dass es nichts schaden könne, wenn das Kind „unters Wort kommt". Sie wollten, dass ich von Jesus erfuhr. Das hat auch funktioniert.

Natürlich wünsche ich mir auch, dass meine Kinder von Jesus erfahren. Gleichzeitig hoffe ich, dass sie eine etwas unbeschwertere Kindheit erleben. Ich merke, dass es gar nicht so leicht ist, die richtigen Antworten zu geben. Neulich erzählte mir unsere Sechsjährige, dass sie in den Himmel kommt, weil sie an Gott glaubt. Das habe ich kräftig bejaht. Ihre Freundin, so fügte sie hinzu, käme allerdings nicht dort hin, weil die nicht an Gott glaube. Mir fiel dazu nichts anderes als ein unbestimmtes Murmeln ein. Vielleicht hätte ich ihr sagen sollen, dass Jesus die Kinder besonders liebt. Dass man von Sechsjährigen keine solche Entscheidung erwarten kann und dass Gott sicherlich gnädig ist.

So kleinlich ist Gott nicht.

Ich bin jedenfalls froh, dass ich als junger Erwachsener eine wohltuende Freiheit in Gemeinden erlebt habe und sie immer noch erlebe. Wenn ich aber heute in der alten Gemeinde zu Besuch bin, kommen die alten Gefühle wieder hoch, obwohl sich dort vieles geändert hat. Ich möchte den Gemeindebesuchern zurufen, dass Gott nicht so kleinlich ist, wie ich das lange Zeit geglaubt habe. Aber wahrscheinlich wissen sie das schon.

Hier zum
Himmel

Christof Klenk lebt mit seiner Frau und seinen beiden Töchtern in Witten. Er ist Redakteur der Zeitschriften „55plus" und „family", Kolumnist und Buchautor. Ehrenamtlich engagiert er sich in der Freien evangelischen Gemeinde in Witten.

„Ich bin nicht gottes-diensttauglich!"

Kerstin Hack über unmusikalische Sänger, monotone Veranstaltungen, ihre Zappeligkeit im Gottesdienst und die strenge Liturgie in freien Gemeinden.

Ich gestehe es: Ich bin nicht gottesdienst-tauglich. Zu Beginn eines Gottesdienstes bin ich noch recht locker. Nach zwanzig Minuten werden mir die Sitze zu unbequem und ich rutsche unruhig hin und her. Nach vierzig Minuten lerne ich das Blatt mit den Veranstaltungshinweisen auswendig und erwische mich dabei, meine Lieblingspsalmen zu lesen statt der Predigt zu folgen. Nach sechzig Minuten wird die Sehnsucht nach Kontakt, Interaktion, visuellen Impulsen und Bewegung fast übermächtig.

Das ist umso schlimmer, als ich gelegentlich eingeladen werde, Gottesdienste mitzugestalten oder in einem Gottesdienst zu sprechen – und alle davon ausgehen, dass ich von dieser Veranstaltungsform begeistert bin.

Der Pfarrer konnte nicht singen – und ich auch nicht!

Ich bin in der evangelischen Kirche groß geworden. Den Kindergottesdienst fand ich klasse und ging selbst an Sonntagen hin, an denen meine Eltern zu Hause blieben. Im Konfirmandenalter mussten wir Mädchen im Gottesdienst den Introitus, das Psalmlied, singen, da unser Gemeindepfarrer selbst nicht singen konnte. Ich konnte zwar auch nicht singen, aber ich wurde nicht gefragt. Und obwohl ich die biblischen Texte der Psalmverse inspirierend fand, war das Singen der häufig gleich bleibenden Tonhöhen für mich – und wahrscheinlich auch für die Zuhörer – eine Qual.

Das Singen war für alle eine Qual.

Der Pfarrer konnte nicht nur nicht singen, er tat sich auch mit dem Sprechen schwer. Seine

Stimme war monoton, ohne jede Höhe und Tiefe. Den Mangel an Ausdruck versuchte er durch extrem lange und schwer verständliche Predigten auszugleichen, die häufig keinen Bezug zum „echten" Leben hatten.

Ich hatte zu diesem Zeitpunkt bereits auf einer Kinderfreizeit eine bewusste Entscheidung für Jesus getroffen und fragte mich, was die Gottesdienste, die ich erlebte, mit meinem Glauben zu tun hätten. Ich empfing dort keine Impulse für mein Leben mit Gott – außer durch die Lieder, von denen ich einige bis heute liebe. Ich kann mich an einen Gottesdienst erinnern, wo der Name Jesus (außer in der Liturgie) nie erwähnt wurde und ich zu Jesus sagte: „Wenn du hier irgendwie trotzdem zu mir reden kannst, dann tue es bitte!" Er tat es. Eine Bibelstelle, die verlesen wurde, traf mich bis ins Mark und ist bis heute einer der zentralen Texte in meinem Leben geblieben. Aber generell gaben mir die Gottesdienste, die ich erlebte, kaum Unterstützung auf meinen eigenen Weg mit Jesus.

Was haben Gottesdienste mit meinem Leben zu tun?

Die „freie" monotone Liturgie

Besser wurde mein Verhältnis zu Gottesdiensten erst, als ich in meinen späten Teenagerjahren Kontakt zu einer freien Gemeinde bekam. Die Gottesdienste dort waren lebendiger als das, was ich bislang kannte. Viele Gemeindeglieder beteiligten sich aktiv und gaben das weiter, was sie mit Gott erlebt hatten. Die Predigten waren lebensnah, glaubensstärkend und praktisch. Manche Impulse aus dieser Zeit habe ich bis heute im Kopf und im Herzen behalten. Ich genoss es, dort zu sein, wann immer ich konnte.

Die Gottesdienste genoss ich auch später noch in einer Gemeinde in Berlin, die meine geistliche Heimat wurde. Es war schön, festes Mitglied einer Gemeinde zu sein, in der guter Lobpreis, tief gehende Lehre und inspirierende Predigten ebenso dazu gehörten wie der eine oder andere prophetische Impuls. Doch zunehmend empfand ich, dass auch diese Gottesdienste nach einem festen Ritual abliefen: Begrüßung, Lobpreis, ein paar Zeugnisse oder Impulse (die in der Regel jedoch kaum aufgegriffen oder weitergeführt wurden), Predigt, ein Lied, Ankündigungen, Abschlusslied, Ende. Das wirkte umso absurder, als viele Außenstehende die Gemeinde als besonders frei von Ritualen und nur vom Heiligen Geist geführt beschrieben. Für mich aber war diese „Liturgie" starrer als in Gemeinden, die sich bewusst zu liturgischen Formen bekannten. (Gehaltvolle Liturgie schätze und genieße ich übrigens sehr – sofern jemand anderes als ich den Psalmvers singt.)

Die „ritualisierten" Gottesdienste wären noch gar nicht so schlimm gewesen, wäre nicht im Hauskreis das gleiche Ritual im Mini-Format abgelaufen. Jeder Hauskreisabend war eine Art Mini-Gottesdienst: kurzer Smalltalk, Lobpreiszeit, Predigt, Ansagen, Schlusslied, manchmal vorher noch Gebet füreinander. Im Hauskreis nannte man die Predigt zwar Bibelarbeit, sie wurde aber wie eine Predigt von einer Person vorbereitet und vorgetragen. Im Laufe der Jahre emp-

Im Hauskreis das gleiche Ritual im Mini-Format.

fand ich diese Veranstaltungsform je länger je mehr als ausgesprochen fantasielos.

Fiel Christen nichts anderes ein, als alle ihre Treffen nach dem gleichen Schema zu gestalten? Irgendwann erfuhr ich, dass das Gottesdienstritual, nach dem heute die meisten Gottesdienste in Landes- oder Freikirchen ablaufen, gar nicht aus dem frühen Christentum stammt, sondern dass man sich dafür die Zeremonie des römischen Kaiserkultes zum Vorbild genommen hatte. Das machte die Sache auch nicht besser.

Der letzte Funke Vertrauen

Abhilfe schien zu kommen, als ich Teil eines Gemeindegründungsteams wurde, das eine moderne Großstadtgemeinde aufbauen wollte. Wir wollten innovativ sein, etwas ganz Neues, ganz anderes schaffen, wir hatten große Ziele und Träume. Die ersten Monate waren herrlich. Wir teilten den gleichen Traum, beteten gemeinsam für unsere Freunde, erlebten, wie manche zu Jesus fanden, und tauften in Badewannen.

Wir lachten, planten und lernten miteinander. Jeder brachte sich, seine Gedanken und Talente ein, unsere Treffen waren intensiv, bereichernd und wohltuend, obwohl die Bewegungsfreiheit in dem überfüllten Wohnzimmer, in dem wir uns trafen, sehr eingeschränkt war. Aber das tat unserer Begeisterung keinen Abbruch.

Diese Dynamik erlosch erst, als wir uns „richtige" Gemeinderäume mieteten und begannen, „normale" Gottesdienste zu feiern, obwohl uns ein befreundeter evangeli-

Begeisterung im überfüllten Wohnzimmer.

scher Pfarrer (!) gerade davor gewarnt hatte: „Wenn ihr wollt, dass aus eurer Gruppe eine starke Gemeinde wird, dann bleibt, so lange es geht, in Privaträumen. Ich rate euch dringend davon ab, schon in der Anfangsphase in spezielle Gemeinderäume zu gehen. Wenn man eine Bewegung zu früh in etablierte Formen gießt, nimmt man ihr die Dynamik." Er sollte Recht behalten.

Mit dem Umzug in die neuen Räume teilten sich die Mitglieder instinktiv in zwei Gruppen auf: diejenigen, die vorne am Rednerpult standen, in der ersten Reihe saßen und im Gottesdienst sprachen oder sonst aktiv waren. Und die Zuschauer in den hinteren Reihen, die abwarteten, was vorne passierte. Diese Veränderung geschah, obwohl niemand das wollte, fast automatisch. Aus aktiven, engagierten Menschen wurden solche, die gespannt oder gelangweilt das

Zwei Gruppen: die Aktiven und die Zuschauer.

Programm konsumierten, das die anderen vortrugen. Sie brachten sich und ihre Impulse nicht mehr ein und sangen höchstens mal bei dem einen oder anderen Lied mit. Dies und andere Faktoren führten dazu, dass die Gemeinde an Dynamik verlor und am Ende zusammenbrach. Und mit dem Zusammenbruch der Gemeinde und der Enttäuschung über den Verlust verlor ich auch den letzten Funken an Vertrauen in Gottesdienste als effektives Instrument zum Gemeindebau.

Kommunikative Einbahnstraße

Verstehen Sie mich nicht falsch. Ich liebe die Gemeinde Jesu, bin glücklich, zu der Gemeinschaft der Menschen zu gehören, die Jesus folgen, und engagiere mich intensiv dafür, dass die Gemeinde Jesu in unserem Land und weltweit wächst. Und ich bin überzeugt davon, dass jeder Christ zu einer Gruppe von Menschen gehören sollte, vor denen er offen und transparent lebt und mit denen er gemeinsam lernt, Jesus zu folgen.

Außerdem treffe ich mich gerne mit den Menschen zum Essen, Reden, Singen, Beten und Lernen, mit denen ich gemeinsam verbindlich in der Nachfolge Jesu unterwegs bin. Ich lehne auch Gottesdienste als eine Veranstaltungsform nicht grundsätzlich ab. Sie können inspirierend und belebend sein. Gelegentlich gestalte ich als Referentin oder Mitarbeiterin Gottesdienste mit – und tue das gerne. Es macht mir Spaß, in dieser Form Gedanken und Impulse weiterzugeben. Aber es ist nur ein Weg, und zumeist eine kommunikative Einbahnstraße.

So verlor ich den letzten Funken an Vertrauen in Gottesdienste.

Wenn ich mit meinen Mitchristen, meinen „Geschwistern", Jesus feiere, dann möchte ich gerne auch etwas von dem hören und sehen, was die anderen zu sagen und zu geben haben. Wo es in meiner Macht steht, versuche ich darauf hinzuwirken, dass Gottesdienste keine Ein-Mann- oder Eine-Frau-Shows werden, die die anderen zur Passivität verurteilen.

Es macht mich traurig, wenn ich miterleben muss, dass viele anwesende Gemeindeglieder im Gottesdienst keine Chance haben, etwas von dem weiterzugeben, was Gott ihnen geschenkt hat, um damit die anderen zu bereichern.

Ich empfinde es häufig als sehr merkwürdig, dass Menschen sich treffen, um jemanden zu feiern, aber bei dieser Gottesdienstfeier in der Regel nur ein Einziger erzählen darf, was die Hauptperson ihm bedeutet.

Ich möchte die anderen hören und sehen. Was für ein Unterschied zu „normalen" Partys und Feiern, wo die Gäste ganz natürlich darüber ins Gespräch kommen, wie

sie die Person, die gefeiert wird, kennen gelernt und was sie mit ihr erlebt haben. Viele Gottesdienste werden jedoch von den Besuchern nicht als gemeinsames Erlebnis erfahren, weil jeder für sich in den Reihen steht, vor sich hin singt und es wenig Raum zur Begegnung gibt.

Das habe ich einmal besonders plastisch erlebt. Zum Abschluss des Gottesdienstes sangen wir alle den aaronitischen Segen: „Der Herr segne dich, der Herr behüte dich ..." Aber wir sangen die Worte nicht einander zu, sondern alle Anwesenden sangen – zur Wand! Ich konnte es kaum fassen, drehte mich demonstrativ zu den Menschen um, die hinter mir saßen, lächelte sie an, sang ihnen den Segen zu. Nur wenige reagierten, die meisten sangen einfach weiter – zur Wand.

Den Segen an die Wand gesungen.

Neben dem Mangel an Begegnung in vielen Gottesdiensten frustriert es mich jedoch am meisten, dass der Gottesdienst so nur wenig Wachstum im Glauben ermöglicht. Ich wünsche mir, dass Menschen es lernen, im ganz realen Leben Jesus zu folgen, so zu leben, wie er es tat. Predigten anzuhören macht jedoch keinen Christen zum Jünger Jesu: Man wird ja auch nicht durch das Ansehen der Sportschau zum Spitzensportler.

Wachstum in der Nachfolge geschieht eher durch Gespräch, Begleitung, Auseinandersetzung als durch passives Zuhören. Beim Umsetzen des Gehörten werden die Gottesdienstbesucher jedoch häufig allein gelassen – obwohl viele Gemeinden das Ziel haben, Menschen zur Nachfolge Jesu zu befähigen.

Aber sie sind an eine Form gebunden, die denkbar ungeeignet für das Einüben ist.

Warum hat Jesus lieber gegrillt?

Manchmal frage ich mich: „Wenn der Gottesdienst für den christlichen Glauben wirklich so wichtig ist, wie wir denken, warum hat Jesus selbst so wenige Gottesdienste veranstaltet?" Das Personal dafür hätte er gehabt, zum Beispiel Lukas als Lektor, Johannes als Kantor, Petrus als Ordner, Judas und Matthäus als Kollekteneinsammler, Jakobus für die Ansagen und Thomas für den Kinderdienst ...

Jesus hat ohne Skupel gestört.

Natürlich hat Jesus gepredigt und Menschen auf diese Weise zentrale Aspekte des Lebens mit Gott vermittelt. Aber er hat auch Geschichten erzählt, mit Menschen gegessen und für sie gekocht, genauer gesagt, gegrillt. (Das Grillen scheint damals wie heute bevorzugte Männerdomäne in der Kochkunst gewesen zu sein.) Er hat gelacht, geweint, gespielt und Kinder geherzt.

Jesus hat auch ohne moralische Skrupel den Ablauf einiger gottesdienstlicher Veranstaltungen gestört (zum Beispiel durch Tempelreinigung oder Heilungen). Und er hat so manche Beerdigung, zu der er kam, durcheinander gebracht, indem er die Toten wieder aufweckte – sogar seine eigene Beerdigung hat er vorzeitig abgebrochen. Er hat Dialoge geführt und diskutiert, er hat die Kraft des Reiches Gottes demonstriert. Kurz: Er hat in einer Vielfalt von Formen und Ausdrucksweisen den Menschen die Liebe und Güte Gottes nahe gebracht.

Und seine Nachfolger haben es ihm gleich getan. Paulus hat auf Marktplätzen und in Synagogen gepredigt, aber er stand auch in seiner Zeltmacherwerkstatt für Gespräche zur Verfügung. Auch bei ihm gab es viel Bewegung, in der die Realität der Gottesherrschaft sichtbar wurde.

Ich wünsche mir, dass wir wieder entdecken, wie vielfältig Glaube ausgedrückt, gefeiert und gelebt werden kann. Gottesdienste als eine Möglichkeit, Glauben zu leben, zu lernen und zu feiern, lehne ich nicht ab – auch wenn ich manchmal zappelig werde. Aber ich wünsche mir in Gottesdiensten mehr Raum für gegenseitige Begegnung und Bereicherung: für eine Familie, die miteinander ihren himmlischen Vater feiert. Für den Leib Jesu, in dem alle Glieder gemeinsam funktionieren und jeder etwas zum Gesamtgeschehen beiträgt. Dann spürt man Leben und Lebendigkeit. Und ich glaube, dass Jesus dort auch gerne anwesend ist und mitfeiert.

Kerstin Hack ist Autorin und leitet den Down to Earth Verlag in Berlin. Sie liebt es, Menschen durch Texte, Gespräche und Vorträge zu inspirieren und aus eingefahrenen Formen und Wegen herauszuholen. Im Netzwerk „Gemeinsam für Berlin" ist sie für ihre Stadt aktiv. Sie genießt Kunst, Kultur, Literatur, Fotografie, Fahrrad fahren, Freunde, Kino, Reisen und Begegnungen, die ihren Horizont erweitern. In ihrem Internet-Tagebuch (Blog) www.kerstin.down-to-earth.de kann man an ihren Erlebnissen und Gedanken Anteil nehmen.

„Es wird gezählt"

Roland Werner über seine Lust und Unlust an Zahlen und über sein schlechtes Mathe-Abitur. Er schreibt über das Schummeln vieler Veranstalter und entdeckt den Zusammenhang zwischen Zahlen und Macht.

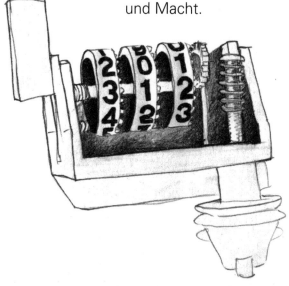

Besonders wenn ich still sitze, fängt es an. Ich schaue mir den Raum genau an, zähle die Fenster, die Türen, die Bilder, die Stühle, die Anwesenden. Es gibt fast nichts, was nicht zählbar wäre. Lampen, Steckdosen, die Verstrebungen der Fenster, die Gegenstände, die auf dem Boden stehen, die Bücher in einem Regal – alles wird von mir gezählt. Auch beim Autofahren kann mich der Drang zum Zählen erfassen: die Kilometeranzeiger, die Laternen und Pfosten am Straßenrand, die Verkehrsschilder an einer Kreuzung.

Manchmal denke ich, ich hätte Mathematiker oder Rechenmaschine werden sollen. Manchmal aber denke ich auch: Du hast schon eine ganz schöne Macke mit deinem Zähltick! Und in manchen Schreckensvorstellungen sehe ich mich auf der Couch beim Psychiater liegen, der versucht, die Ursachen meines Zähltriebs zu ergründen, während ich heimlich, damit er es nicht merkt, die Flecken an der Decke seines Beratungszimmers zähle.

Ich hätte Rechenmaschine werden sollen.

Eine Familie, die zählt

Irgendwie habe ich das schon mit der Muttermilch aufgenommen, das Zählen. Oder genauer gesagt, ich habe es von meinem Vater übernommen. Der zählte nämlich auch alles und jedes. Wenn wir irgendwo auf einer Veranstaltung waren, konnte er uns hinterher genau sagen, wie viele Leute dort gewesen waren. Keine Versammlung, die nicht numerisch analysiert und kommentiert worden wäre. Kein Stau auf der Autobahn, bei dem er nicht wusste, wie viele Autos es waren, keine Rechnung, wo er sich nicht hinterher an den Preis erinnern konnte.

Das ist eigentlich auch kein Wunder. Denn mein Vater war zeitlebens Postbeamter, der im Schalterdienst arbeitete. Da musste er ständig rechnen, wiegen, zählen. Und das alles machte er meist im Kopf. Zahlen konnte er sich immer merken, über Jahre hinweg. Mein Vater war und ist einfach ein kleines Zahlengenie. Und das blieb nicht ohne Auswirkungen auf den Rest der Familie.

Zählen im Gottesdienst

Bei uns gab es am Sonntag beim Mittagessen immer ein kleines Ritual. Da die ganze Familie kirchlich engagiert war, wurden immer die Gottesdienste, in denen wir am Morgen gewesen waren, nachbesprochen und auch ausgewertet. Als ich so siebzehn, achtzehn Jahre alt war, waren wir fünf meist in vier oder fünf verschiedenen evangelischen Gottesdiensten. Das kam so: Meine beiden Brüder und meine Mutter spielten in unterschiedlichen Nachbargemeinden die Orgel. Ich hatte zwar keine feste Organistenstelle, doch musste ich häufig einspringen, wo Not am Mann war. So waren wir vier unterwegs in anderen Gemeinden, und mein Vater hielt als Presbyter die Stellung bei uns in der Heimatgemeinde in Duisburg-Beeck. Am Mittagstisch wurden dann die Predigten und die Gesangsgewohnheiten der einzelnen Gemeinden aus Orgelspielersicht diskutiert. Und außerdem gab es immer unweigerlich die Frage: Wie viele Leute waren da? Und so gewöhnte ich mir früh an, aus der Warte des

„Wie viele Leute waren da?"

oft auf einer Empore erhöhten Organisten die Häupter der Versammelten zu zählen.

Auf die Dauer geht ja solch eine Übung in Fleisch und Blut über. Man lernt, zwischen genauem Zählen und ungefährem Schätzen hin und her zu springen, und entwickelt eine ziemliche Treffsicherheit und Routine. Zählen wurde mir so sozusagen zu einer zweiten Natur.

König David und das Zählen

Ist zählen unbiblisch? Irgendwann geriet ich dann jedoch genau wegen dieser Gewohnheit, alles und jeden zu zählen, in tiefes Nachdenken, vielleicht sogar eine geistliche Krise. Ich erinnerte mich nämlich an eine Geschichte, die ich schon im Kindergottesdienst gehört hatte: die Begebenheit, als der berühmte König David das Volk Israel zählen ließ.

Nach dem Bericht der Bibel war das ein Zeichen für seinen Hochmut. David, so heißt es, wollte sein Vertrauen nicht mehr auf Gott allein setzen, sondern vertraute mehr auf seine Kraft und die Masse seines Volkes. So beauftragte er seine Heerführer, eine Volkszählung durchzuführen. Doch die weigerten sich zuerst, da sie dies als Ausdruck des Hochmuts und Machtstrebens von David verstanden.

Also: Ist Zählen unbiblisch? Ich schaute mir den Abschnitt im zweiten Samuelbuch noch einmal an. Dort wird berichtet:

„Und der König sprach zu Joab und zu den Hauptleuten, die bei ihm waren: Geht umher in allen Stämmen Israels von Dan bis Beerscheba und zählt das Kriegsvolk, damit ich weiß, wieviel ihrer sind.

Joab sprach zu dem König: Der HERR, dein Gott, tue zu diesem Volk, wie es jetzt ist, noch hundertmal soviel hinzu, daß mein Herr, der König, seiner Augen Lust daran habe; aber warum verlangt es meinen Herrn, den König, solches zu tun?

Aber des Königs Wort stand fest gegen Joab und die Hauptleute des Heeres.

So zog Joab mit den Hauptleuten des Heeres aus von dem König, um das Volk Israel zu zählen.

Und sie gingen über den Jordan und fingen an bei Aroër und bei der Stadt, die mitten im Bachtal liegt, nach Gad und nach Jaser zu und kamen nach Gilead und zum Land der Hetiter nach Kadesch zu und darauf nach Dan, und von Dan wandten sie sich nach Sidon zu.

Dann kamen sie zu der festen Stadt Tyrus und allen Städten der Hiwiter und Kanaaniter und in das Südland Judas nach Beerscheba.

„Ich habe schwer gesündigt."

So durchzogen sie das ganze Land und kamen nach neun Monaten und zwanzig Tagen nach Jerusalem zurück.

Und Joab gab dem König die Summe des Volks an, das gezählt war.

Und es waren in Israel achthunderttausend streitbare Männer, die das Schwert trugen, und in Juda fünfhunderttausend Mann.

Aber das Herz schlug David, nachdem das Volk gezählt war.

Und David sprach zum HERRN: Ich habe schwer gesündigt, daß ich das getan habe. Und nun, HERR, nimm weg die Schuld deines Knechts; denn ich hab sehr töricht getan." (2. Samuel 24,2–10)

In der Folge straft Gott David. Es ist spannend zu lesen, wie er ihm drei mögliche Strafen vorliegt und David die auswählt, bei der er nicht in die Hand von Menschen fällt, sondern es unmittelbar mit Gottes Gericht zu tun hat. Und so kommt die Strafe, die David gewählt hat, auf ihn und das ganze Volk. Eine harte Strafe, bei der viele sterben, und das Volk, das er soeben hat zählen lassen, erheblich dezimiert wird. Für uns heute ist dies schwer nachzuvollziehen.

Und dennoch ist mitten darin noch Gottes Barmherzigkeit zu spüren, denn Gott hält seine Strafe an und zeigt David einen Weg, wie er und das Volk weiterleben können.

Das Zählen und unsere Motive

Die inneren Motive beim Zählen. Diese Geschichte aus dem Alten Testament hat mich sehr beschäftigt. Denn sie wirft die Frage nach den inneren Motiven beim Zählen auf. Bei David war der Wunsch, die genaue Anzahl seiner rekrutierbaren Volkswehr zu wissen, Ausdruck seines Machtstrebens. Er wollte so groß und stark sein wie die anderen Großkönige, die ihre Reiche um Israel herum hatten. Doch damit stellte er sich ihnen gleich und vergaß, dass sein Königtum seinen Ursprung nicht in der Größe seines Heeres und der Anzahl seiner Gefolgsleute hatte, sondern in der Tatsache, dass Gott ihn, den einfachen Hirtenjungen aus Bethlehem, erwählt hatte. Er war vorrangig ein Dichter von Psalmen und Gebeten zur Ehre Gottes und erst in zweiter Linie Staatsmann und Heerführer.

Und das Volk, das er leiten sollte, war ebenfalls nicht dazu berufen, große Eroberungen durchzuführen, sondern ein Licht und Segen für die Völker zu sein. Denn sie hatten inmitten einer Welt, die an viele Götter glaubte, die Offenbarung des einen, wahren, lebendigen Gottes empfangen. Auf ihn sollten sie ihr ganzes Vertrauen setzen, nicht auf eigene Kraft, Stärke oder Klugheit. Sie sollten sich unterscheiden von den anderen Völkern, indem sie Gott allein die Ehre gaben und nicht sich selbst.

Ist größer besser?

Wenn ich das so betrachte, dann macht die Geschichte Sinn. Und dann ist sie eine Anfrage an uns und unseren Umgang mit Zahlen.

Ich habe nämlich gemerkt, dass ich nicht der Einzige bin, der gerne zählt. Bei christlichen Veranstaltungen wird hinterher häufig berichtet, wie viele da waren. Dabei klafft, jedenfalls in meiner Beobachtung, manchmal eine ziemliche Kluft zwischen Wunsch und Wirklichkeit. Doch ist das nicht auf die christliche Szene beschränkt. Der Wunsch, durch Größe und Masse zu beeindrucken, sitzt tief. Vielleicht ist er auch ein Ausdruck unserer Unsicherheit. Denn: Was viele gut finden, kann doch nicht schlecht sein!

> Was viele gut finden, kann doch nicht schlecht sein.

Und so machen wir alle beim Groß-Sein-Wollen mit. Bei manchen Demos, seien es Friedensmärsche oder die Love-Parade, berichten zuweilen die Veranstalter von mehreren hunderttausend Teilnehmern, während die Polizei eher von zehn- bis fünfzehntausend sprechen. Vielleicht hatten die Organisatoren ja jeden mehrfach gezählt, oder einfach alle Einwohner der Stadt bei ihrem Spaziergang noch automatisch zu Demonstranten umgemünzt.

Doch auch wir Christen haben diese Fähigkeit zur wundersamen Vervielfältigung von Teilnehmerzahlen weit entwickelt. So wird bei manchen christlichen Veranstaltungen, die über mehrere Tage laufen, einfach die aufgerundete Zahl der Besucher mit den Tagen multipliziert. Auf den ersten Blick vielleicht harmlos, aber doch ganz schön irreführend. Denn wenn ich sieben Vortragsabende mit je zweihundert Teilnehmern habe, so sind das in den wenigsten Fällen insgesamt tausenvierhundert verschiedene Personen.

Biblisch zählen?

Ich jedenfalls habe mir angewöhnt, genau hinzuschauen und auch genau zu zählen. Auch dafür habe ich inzwischen biblische Begründungen gefunden. Denn die Volkszählung Davids ist nicht der einzige Bericht der Bibel, in dem gezählt wird. Die Bibel ist voller Aufzählungen. Die Geschlechtsregister im Alten Testament sind nur ein Beispiel dafür. Von den Menschen, die am Pfingsttag, dem Geburtstag der Kirche, zum Glauben an Jesus kamen, wird berichtet: „Die nun sein Wort annahmen, ließen sich taufen; und an diesem Tage wurden hinzugefügt etwa dreitausend Menschen" (Apostelgeschichte 2,41).

Sogar die Fische, die auf wundersame Weise im See Genezareth nach erfolglos durchfischter Nacht doch noch gefangen wurden – auf das Wort von Jesus hin – wurden gezählt. Es waren hundertdreiundfünfzig! Das war übrigens die in der Antike angenommene Zahl aller Völker auf der Erde.

3000.
153.
70.
12.

So wird in der Bibel an vielen Stellen gezählt, die siebzig Palmen in der Oase Elim (2. Mose 15,27) genauso wie die zwölf Körbe, die bei der Speisung der Fünftausend übrig blieben (Matthäus 13,20). Die Liste biblischer Zahlen ließe sich fast unendlich fortführen.

Und schließlich versammelt sich in der neuen Welt Gottes die Vollzahl des Gottesvolkes: hundertvierundvierzigtausend, aus jedem der zwölf Stämme Israels zwölftausend. Und dazu kommt noch eine unzählbare Schar von Menschen aus allen Völkern:

„Danach sah ich, und siehe, eine große Schar, die niemand zählen konnte, aus allen Nationen und Stämmen und Völkern und Sprachen; die standen vor dem Thron und vor dem Lamm, angetan mit weißen Kleidern und mit Palmzweigen in ihren Händen, und riefen mit großer Stimme: Das Heil ist bei dem, der auf dem Thron sitzt, unserm Gott, und dem Lamm!" (Offenbarung 7, 9–10).

Die Zahl hinter der Zahl

Gibt es einen tieferen Sinn hinter den Zahlen?

Während ich so über das Zählen allgemein und in der Bibel und bei mir im Besondern philosophiere, merke ich, dass es mehr damit auf sich hat als einfach nur die Frage: Ist es okay, dass ich jedes Staubkorn auf meinem Schreibtisch eher zähle, als dass ich den Staub abwische? Stattdessen geht es darum, ob es einen tiefen Sinn hinter den Zahlen gibt. Ob sich irgendjemand dafür interessiert, ob nun sechs oder sieben Milliarden Menschen auf der Erde leben. Ob da jemand ist, für den die Menschen (und damit du und ich) mehr sind als nur Zahlen. Jemand, der die unzähligen Zahlen zusammenhält, der die Unendlichkeit des Raums im Blick hat und der selbst das kleinste Lebewesen sieht?

Auch dazu äußert sich die Bibel. Der Prophet Jesaja ruft es aus:

„Hebet eure Augen in die Höhe und seht! Wer hat dies geschaffen? Er führt ihr Heer vollzählig heraus und ruft sie alle mit Namen; seine Macht und starke Kraft ist so groß, dass nicht eins von ihnen fehlt" (Jesaja 40, 26).

So groß ist Gott, dass er alle sieht und kennt, dass er sie beim Namen ruft, sie zählt und bewahrt.

Das ist das tiefste Geheimnis der Welt: Dass hinter den vielen Zahlen nicht etwa ein Nichts steht, eine große Null, sondern ein Einziger. Ein Schöpfer, der die unzähligen Geschöpfe nicht nur zählt und kennt, sondern sie alle, jedes einzelne, jedes für sich, gewollt, gerufen und beim Namen genannt hat.

Diesen Einen auf seiner Seite zu haben ist unendlich viel mehr wert, als Hunderttausende von anderen zu seinen Verbündeten zu zählen. Das hätte auch König David damals schon wissen können.

Ein Bekenntnis zum Schluss

Eins muss ich noch sagen, um keinen falschen Eindruck zu erwecken. Es ist schon gut und richtig, dass ich kein Mathematiker geworden bin. Denn trotz meiner Zahlenfaszination – oder soll ich sagen, meiner Zähl-Macke – bin ich in Mathe in der Schule nicht wirklich gut gewesen. Im Abitur habe ich sogar eine „Fünf", also ein „Mangelhaft" in Mathe gehabt.

Schwedisch statt Mathe.

Das kam erstens daher, dass wir damals Fächer noch nicht abwählen konnten. Und zweitens hatte es damit zu tun, dass ich als Schüler die elfte Klasse nicht in Deutschland, sondern in den Vereinigten Staaten verbrachte. Da konnte man seine Fächer wählen, und so nahm ich statt Mathe so wichtige Dinge wie Folk-Guitar, Schwedisch, Schreibmaschine und amerikanische Literatur. Als ich wieder nach Deutschland kam, diesmal in die zwölfte Klasse, warf der Mathelehrer mit mir völlig unverständlichen Ausdrücken um sich wie Sinus, Cosinus und Ähnlichem – und wenn ich mich recht erinnere, auch Asinus.

Auf jeden Fall verstand ich nur Bahnhof und beschloss, Mathe einfach links liegen zu lassen und mich auf die anderen Fächer wie Griechisch und Latein und Deutsch und vor allem auf die Jugendarbeit in Duisburg-Beeck, die „Junge Gemeinde" und die „Kellerkirche" zu konzentrieren. So besann ich mich auf die wirklich wichtigen Dinge und nahm die schlechte Mathenote im Vorübergehen mit, was mich aber nicht daran hinderte, dennoch eins der besten Abiturzeugnisse meines Jahrgangs nach Hause zu tragen. Wie viele Jahre dies alles her ist, vermag ich nicht mehr wirklich zu sagen, denn so weit kann ich beim besten Willen nicht zählen. Ich erinnere mich jedoch dunkel, dass es irgendwann im vergangenen Jahrtausend war.

Dr. Roland Werner (Jahrgang 1957) ist Leiter des Christus-Treff Marburg und Vorsitzender von Christival – Kongress Junger Christen. Er ist Autor vieler Bücher und Zeitschriftenbeiträge. Er lebt mit seiner Frau Elke in Marburg.

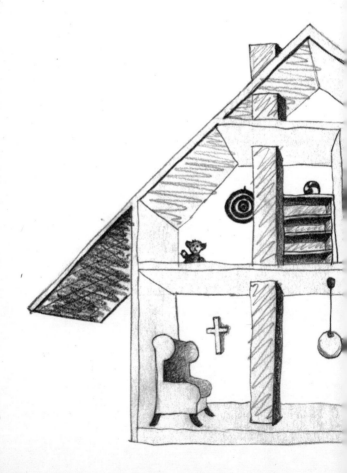

„Vorbild sein"

Caritas Führer über geheimnisvolle Missionskoffer, das gläserne Pfarrhaus (siehe Illustration) ihrer Kindheit und den inneren Zwang, sich nichts zuschulden kommen zu lassen. Heute ist sie wieder im Pfarrhaus gelandet und fragt sich, über welche frommen Schäden sich ihre Söhne wohl einmal beklagen werden.

Ich bin in einer Familie aufgewachsen, die geprägt war von der Begeisterung über den Pfarrerberuf. Mein Vater hatte schon als kleiner Junge die tiefe Gewissheit, dass er einmal als Pfarrer den Menschen das Evangelium verkündigen würde. Meine Mutter hatte sich von Anfang an mit dieser Berufung identifiziert und gestaltete das Leben im Pfarrhaus und in der Gemeinde durch ihre frohgemute und tatkräftige Hingabe. Auch ich empfand das Leben in einer solchen Familie immer als etwas Besonderes und fühlte mich trotz aller Nachteile, die ich als Christ in der DDR spürbar erlebte, als privilegiert.

Benach-teilt? Privilegiert?

Weltoffenheit

Im Pfarrhaus gab es eine geistige Weite und Weltoffenheit, die in den Elternhäusern meiner Klassenkameraden so meist nicht anzutreffen war. Durch die Kontakte zu den westlichen Partnerkirchen erfuhren wir Wichtiges und Spannendes aus aller Welt und über den anderen Teil Deutschlands. Besonders eindrücklich waren mir die Besuche von Missionaren, die bei uns übernachteten. Für uns Pfarrerskinder öffneten sie schon einmal den geheimnisvollen Missionskoffer vor der offiziellen Kinderstunde und gewährten Einblick in Kulturen, die jenseits unseres Vorstellungsvermögens lagen.

In den Gemeindegruppen gab es einen offenen Meinungsaustausch, so dass wir schon früh lernten, für unsere Überzeugungen einzutreten und unsere Gedanken für andere zu formulieren.

Die Bildung, die uns als nicht angepassten

Schülern von der Gesellschaft verwehrt wurde, bekamen wir gratis durch die Teilnahme an einem vielfältigen Gemeindeleben. Instrumentalunterricht, Chorerfahrung, Konzerterlebnisse, Bibelstudium und der Austausch wichtiger Literatur förderten den Wissensdurst der Heranwachsenden.

Ein weiterer Vorteil des Pfarrhauses war, dass wir relativ großzügig wohnen konnten, in hohen hellen Räumen und mit einem weitläufigen Grundstück hinter dem Haus. Zwar waren die kirchlichen Gebäude oft in einem erbarmungswürdigen Zustand, aber das steht auf einem anderen Blatt.

Dass Gott Gebete erhört und unseren Mangel ausfüllt, erlebte ich sichtbar von klein auf. Diese Erfahrungen standen für mich nicht im Gegensatz zu ebenso spürbarer materieller Not. Unser reichhaltiges Familienleben und der lebendige Glaube meiner Eltern gaben mir meistens das Gefühl, ein glücklicher Mensch zu sein.

Das gläserne Pfarrhaus

Das Besondere am lebenssprühenden Pfarrhaus war allerdings dies: Es bestand aus „Glas". Meine Eltern lebten unter dem dauernden Druck, Maßstäbe setzen zu müssen, vor allem in der Erziehung der Kinder. Ständig fühlten sie die Blicke nicht nur der Gemeinde, sondern auch der Schule und letztlich der ganzen Gesellschaft auf unsere Familie gerichtet. Wir wuchsen mit hohen Ansprüchen auf. Da wir im sozialistischen Bildungssystem als Christen ohnehin schon keinen uns angemessenen Platz hatten, war es unabdingbar, dass

Wir wuchsen mit hohen Ansprüchen auf.

Hauptsache, nichts zuschulden kommen lassen.

wir wenigstens durch besondere Leistungen und tadelloses Verhalten auffielen. Von klein auf hatte ich Sätze wie diesen verinnerlicht: „Selig seid ihr, wenn euch die Menschen um meinetwillen schmähen und verfolgen und reden allerlei Übles wider euch, so sie daran lügen."

Die Hauptsache war also, dass ich mir nichts zuschulden kommen ließ, was Lehrer, Mitschüler oder gar Gemeindeglieder zu echter Klage herausfordern konnte. Das war für ein Kind mit meinem Temperament und einem starken Willen zur Eigenständigkeit eine große Hürde. Der gute Wille zum ehrlichen Glaubenszeugnis und zur Leidensbereitschaft kollidierte oft mit zornigem Kämpfermut und ungezügelten Äußerungen. Ich konnte regelrecht verzweifeln, wenn ich versagte, zumal ich immer wieder die Erfahrung machen musste, dass selbst Höchstleistungen keine Garantie für Anerkennung oder gar faire Bildungschancen von Seiten der Schule darstellten.

Manchmal wäre ich von Herzen gerne einfach nur ein ganz normales Kind gewesen, das tun und lassen kann, was es will, ohne dass es von außen ständig beobachtet, kontrolliert und bewertet wird.

Erfolgreich oder gesegnet?

Heute sehe ich aus dem Abstand manche dieser Erfahrungen gelassener. Und ich habe gelernt, meinem „kleinen frommen Schaden" kein weiteres „Futter" mehr zu geben. Mir ist bewusst, dass ich meinen Wert als Mensch nicht dadurch bekomme, dass ich besondere Leistungen vollbringe, immer an vorderster Front kämpfe und ein so untadeliges Leben führe, dass ich für meine Mitmenschen in jeder Hinsicht ein Vorbild bin.

Ich halte es aus, an vielen Stellen zu versagen, und weiß trotzdem, dass Gott mir vergibt und mich nicht fallen lässt. Und ich mache auch die Erfahrung, dass meine Freunde und Familienmitglieder mich annehmen und mir vergeben. Ein Satz von Jörg Zink hat mir schon in manchen Lebenskrisen weitergeholfen: „Ich muss kein erfolgreicher Mensch sein, wenn ich ein gesegneter Mensch sein soll nach deinem Willen."

Natürlich passiert es immer wieder, dass sich bei mir eine Leistungsorientiertheit einschleicht. Aber ich weiß jetzt, woher es kommt. Auch wenn ich bereit bin zu ganzem

Ich halte es aus, an vielen Stellen zu versagen.

Einsatz, will ich nicht abhängig werden von dem, was ich zustande bringe.

Andererseits bin ich dankbar für die zufälligen Nebeneffekte der oben benannten Probleme. So empfinde ich eine starke Verantwortung für mein Leben als Christ. Es ist mir nicht egal, wie glaubwürdig andere mich erleben. Ich gebe mich nicht mit Halbheiten zufrieden. Es macht mir Freude, eine Aufgabe solide und tiefgründig zu erfüllen. (Dabei muss ich darauf achten, dass ich nicht automatisch an andere meine Maßstäbe anlege.) Ich fühle, je älter ich werde, eine ganz neue Dankbarkeit, wenn Gott mir die nötige Kraft und neue Ideen gegeben hat, um etwas anzustoßen oder voranzubringen. Und ich kann mich als Person abgrenzen und lasse mich nicht über den Beruf meines Mannes oder meine Stellung als Gemeindeglied definieren. Das hängt auch damit zusammen, dass ich es als lebenswert empfinde, an manchen Stellen anders zu sein als andere.

Zwischen Gully und Talar

Irgendwie erscheint es mir folgerichtig, dass ich genau zehn Jahre nach dem Auszug aus dem elterlichen Pfarrhaus wieder im Pfarrhaus gelandet bin. Und nun sind unsere drei Jungen auch Pfarrerskinder geworden. Ganz abgesehen davon, dass auch mein Mann ein Pfarrerssohn ist. Da kann man doch gespannt sein, was bei diesem schwerwiegenden Erfahrungsgepäck beider Eltern den Kindern aufgebürdet worden ist.

Es dauerte gar nicht lange, da spürten wir auch für unsere junge Familie den Pfarrhaus-

Ich gebe mich nicht mit Halbheiten zufrieden.

Druck. Der wurde mitunter sogar von Gemeindegliedern als Beschwerde verbalisiert. Sofort klingelten bei uns Eltern die Alarmglocken. Keinesfalls wollten wir unsere Kinder denselben Zwängen aussetzen, unter denen wir und unsere Eltern gelitten hatten.

Auch wenn das natürlich nicht ohne weiteres funktionierte, haben wir bewusst von Anfang an versucht, unsere Kinder wie ganz normale Jungen aufwachsen zu lassen und vor den hohen Ansprüchen der Umwelt in Schutz zu nehmen.

Wir wurden für diese Bemühungen mit Söhnen „belohnt", die keine Mühe scheuten, ihre Normalität unter Beweis zu stellen. Sie störten engagiert Gottesdienste und Kinderstunden durch vorwitziges Verhalten, rasten als kleine Räuber mit alten Fahrrädern durch die Stadt, sammelten im Morgengrauen Bierflaschen aus den Papierkörben, untersuchten den Inhalt der Mülltonnen, prügelten sich mit den Kindern anderer Mitarbeiter und gehörten in der Schulklasse nicht unbedingt zum „positiven Kern". Als Teenies schwänzten sie mitunter Gottesdienste und hielten zeitweise Abstand zur Gemeinde, um ihr ganz Eigenes zu finden.

Mit ganz normalen Söhnen „belohnt".

Auf der anderen Seite haben sie mit ihrem Vater unzählige Gottesdienste und Seniorenkreise ausgestaltet und ihre Singstimmen und Instrumente zum Einsatz gebracht. Sie haben beten gelernt und die Erfahrung gemacht, dass Gott hört und heilt. Durch ihr fundiertes Bibelwissen haben sie manchen Quiz-Preis gewonnen. Sie hatten eine prall gefüllte Konfirmandenkarte aufzuweisen und konnten aus Überzeugung ein Ja zu ihrer Taufe sagen. Die Konfrontation mit Pennern und Betrunkenen an der Türklingel haben sie schadlos überstanden. Unzählige Informationen am Telefon oder der Sprechanlage notierten sie auf Zettel, gaben Auskünfte und Ratschläge und händigten Schlüssel aus.

Ich habe sie noch nicht gefragt, ob das Leben im Pfarrhaus bei ihnen nachhaltige Schäden hinterlassen hat. Wahrscheinlich haben sie manchmal darunter gelitten, den seltsamen Beruf ihres Vaters angeben zu müssen. Aber ganz sicher fanden sie es mitunter auch toll, beim Nennen ihres Namens auf Hilfsbereitschaft und offene Türen zu stoßen.

> **Nachhaltige Schäden bei unseren Söhnen? Ich habe sie noch nicht gefragt.**

Ich hörte von einem kleinen Pfarrersjungen, der im Unterricht mit Bangen darauf wartete, bis der Lehrer auch an ihn die Frage nach dem Beruf des Vaters richtete. Andere Kinder hatten so schöne Bezeichnungen genannt: Schlosser, Traktorist und Werkzeugmacher. Tapfer antwortete er: „Mein Vater ist Pfarrer". (Pause) „Aber manchmal macht er auch den Gully sauber."

Das könnte einer unserer Söhne gewesen sein. Ich wünschte, dass sie alle die liebenswerte Spannung zwischen Talar und Gully verinnerlichen und mit ihrem speziellen „kleinen frommen Schaden" gut durchs Leben kommen.

Caritas Führer, Jahrgang 1957, geboren in Karl-Marx-Stadt. Nach ihrer Ausbildung zur Porzellangestalterin folgte ein einjähriges Engagement in der Kinder-Sozialarbeit des Diakonischen Werkes Zwickau. Sie absolvierte ein dreijähriges Fernstudium am Literaturinstitut „Johannes R. Becher". Später arbeitete sie als Dozentin für Gemeindepädagogik und Kreatives Gestalten an der Kirchlich-theologischen Fachschule Malche e.V. Sie ist verheiratet, Mutter von drei Söhnen und lebt in Annaberg-Buchholz. Von ihr erschienen bisher folgende Bücher: „Die Montagsangst", „Wir freuen uns auf Ostern" und „Sternbild Hoffnung".

„Das Tischgebet"

Michael Handel beschreibt, warum er nie Freunde zum Essen einladen wollte. Und warum er sich immer unwohl gefühlt hat, wenn der Jugendkreis bei McDonalds fröhliche Danklieder gesungen hat ...

Warum vor dem Essen beten?

„Wir wollen noch kurz beten!" Mit dieser Lüge begann jede Mahlzeit in unserer Familie. Es stimmte zwar: Mein Vater wollte beten, meine Mutter wollte beten und meine drei Geschwister wahrscheinlich auch. Ich allerdings wollte es nie.

Mir waren sie egal, die Tierlein, von denen jedes sein Essen kriegt, und die Blümlein konnten meinetwegen auch verdursten. Das Tischgebet gehörte zwar zum Essen dazu. Ich hatte es nie anders kennen gelernt. Aber einen Sinn darin sah ich nie. Meine Mutter kochte meistens gut und das von mir gehasste Gemüse verwandelte sich auch durch Gebet nicht in einen Vanillepudding. Naive Denkweise, aber als Kind hatte ich noch kein Buch über die Wichtigkeit von Traditionen gelesen.

Verstehen Sie mich nicht falsch: Ich hatte als Kind nichts gegen Beten im Allgemeinen. Im Gegenteil: Jeden Abend vor dem Schlafengehen trat ich liegend vor meinen Gott und betete für meine Mathenote, Nachbarin Frau Schwab und die deutsche Binnenkonjunktur. Abends im Bett freute ich mich, wenn mein Vater kam und wir gemeinsam den Aufgang des Mondes besangen. Doch warum sollte man vor dem Essen beten? Dass Nahrung etwas Besonderes ist, war mir noch nicht bewusst, da bin ich ein Kind der Achtziger.

Vielleicht hatten mir meine Eltern zu wenige Filme über Hungersnöte in Afrika gezeigt. Für etwas Selbstverständliches, das zum Teil noch nicht mal schmeckt, auch noch zu danken? Das ging nicht in den Kopf eines Kindes, jedenfalls nicht in meinen ...

„Irgendwas mit der Kirche"

Beschwert habe ich mich allerdings nie. Warum auch? Nach dem einleitenden Satz meines Vaters mussten nur kurz die Augen geschlossen, der Kopf gesenkt und die Hände gefaltet werden. Konditionier-Kollege Pawlow hätte seine helle Freude daran gehabt. Bei ihm war es ein Hund, dem bei einer Glocke das Wasser im Maul zusammenlief. Am Essenstisch der Familie Handel musste stattdessen der Speichel noch kurz zurückgehalten werden. Ansonsten war es dasselbe.

Dieses Ritual hatte ich erlernt, es gehörte dazu, und so senkte ich viele Jahre brav meinen Kopf und hätte das Problem auf Anfang zwanzig vertagen können, wenn man sich mit Traditionen auseinander setzt und feststellt, dass die Eltern nicht alles falsch gemacht haben. Doch zu meinem Pech wurde bei uns zu Hause Gastfreundschaft groß geschrieben. Freunde von mir durfte ich immer zum Essen mitbringen und meine Mutter fand es schön, meine Kumpels kennen zu lernen. Die Sache war nur: Ich brachte nie jemanden mit.

Meine Freunde brachte ich nie zum Essen mit.

In der Schule wussten alle, dass ich „irgendwas mit der Kirche" zu tun habe. Freitagabend war ich im Jugendkreis, sonntags in der Kirche und vereinzelt auch im Schüler-Bibelkreis. Meine Mitschüler wussten das, und es machte mir nichts aus. Nur mit nach Hause brachte ich sie nie. Und wenn, grundsätzlich nach Beginn des Mittagessens. Da ging das Fußballspiel auf dem Schulhof eben in die Verlängerung, man hatte eine doppelt

so lange Abkürzung ausprobiert oder musste gemeinsam noch was im Internet nachschauen. Der Rest der Familie durfte währenddessen „ruhig schon mal anfangen". Ziel der ganzen Ablenkungsversuche: Meine Kumpels sollten nicht beim Tischgebet mit dabei sein. Für was ich mich schämte? Ganz einfach: Ich wollte nicht, dass meine Schulfreunde mich beim Ausüben einer christlichen Tätigkeit kennen lernten. Wissen durften sie es, die frommen Spruchkärtchen in unserer Küche konnten sie lesen und die „Hoffnung für alle" neben meinem Bett entdecken. Aber erleben durften sie meinen Glauben nicht.

Der Frage „Können wir bei dir essen?" ging ich somit aus dem Weg. Da ich Fußball spielen konnte, hatte ich trotzdem genügend Freunde. Aber ein ungutes Gefühl blieb.

Kein Geisterfahrer

Übertroffen wurde dieses Gefühl nur noch, wenn ich mit einer christlichen Gruppe in einer Kneipe essen ging oder bei McDonalds. Dass man im geschützten Gemeindehaus vor dem gemeinsamen Essen betet, das fand ich okay. Aber warum muss man in Anbetracht eines McChicken, bei dem undefinierbare Soße aus allen Seiten herausspritzt, ein „Thank you, Lord, for giving us food" durch die Hallen des großen M's singen?

Ich weiß: Christen sollen anders sein in der Welt. Sie sollen ein Zeichen setzen, gegen den Strom schwimmen und sich nicht mit anderen gemein machen. Trotzdem empfand ich das Beten in der Öffentlichkeit als unpassend. Eine verrauchte Kneipe, in der betrunkene Karaoke-Sänger den alten Holzmichel noch leben lassen, ist ein zweifelhafter Ort für ein Gespräch mit dem Schöpfer des Universums.

Laut Bibel soll man beim Beten in sein Kämmerchen gehen und die Tür fest hinter sich verschließen. Okay, man soll auch laut Bibel seinen Glauben in der Öffentlichkeit bezeugen. Ich hielt mich allerdings mehr an die erste Stelle. Insgeheim bewunderte ich die Christen, die vor jeder Mahlzeit deutlich vernehmbar daran dachten, dass diese Currywurst ihnen zur Kraft und Gott zum Preise ist. Sie traten aus der Masse heraus, standen für ihren Glauben ein. Mutig, aber auch immer erfolgreich? Beim Schwimmen gegen den Strom kann man leicht gegen andere stoßen und sie damit verärgern. Ein Falschfahrer ist auf der Autobahn auch nicht

Ich ging zum Beten lieber ins Kämmerchen.

besonders beliebt. Und als ein solcher wollte ich nicht gelten.

Ich wollte keine Nichtchristen verärgern, mich ihnen nicht aufdrängen. Egal, ob das Menschenmassen in der Innenstadt oder Schulfreunde am heimischen Küchentisch waren. „Leiden für den Herrn", so glaubte ich, sei durchaus in Ordnung, aber das Leiden sollte einen positiven Effekt mit sich bringen. Und dieser wäre ja keinesfalls erreicht, wenn man Nichtchristen mit Ritualen konfrontierte, die sie nicht kannten. Fremdheit erzeugt Angst.

Doch es war nicht nur die Furcht davor, zurückgewiesen zu werden. Es war mehr, warum ich nicht wollte, dass meine Schulfreunde mich beim Beten erlebten: Ein Gebet empfand ich als zu intim, als dass Nichtchristen daran teilhaben durften. Im Moment des Tischgebetes sprach ich, beziehungsweise mein betender Erziehungsberechtigter, mit dem Herrn der Herren, dem Schöpfer des Universums und der vor uns liegenden Nudeln. Da hatte jemand von außerhalb nichts verloren.

„Ich will mich bei euch nicht blamieren!"

Dann kam der 25. Januar 2004.

Diese Einstellung hielt bis in meine Studienzeit an. Saß ich allein am Küchentisch unserer WG, sprach ich vor der Mahlzeit ein kurzes Dankwort an den Erschaffer der Fünf-Minuten-Terrine. Hatte ich aber Gäste, unterließ ich es. Und dann kam der 25. Januar 2004. An diesem Tag, der für diese Jahreszeit recht warm war, unterhielt ich mich mit einer Mitstudentin über die vor uns liegenden Semesterferien. Sie fragte mich, ob sie mich zu Hause in Stuttgart mal besuchen dürfe, worauf ich sie natürlich sofort einlud. Im Verlaufe des Gespräches, ich weiß bis heute nicht, wie, kamen wir darauf zu sprechen, dass meine Eltern vor dem Essen beten. Ich wollte gerade mit meinen Beschwichtigungen einsetzen („einfach nur die Augen zumachen, nicht so ernst nehmen, ältere Leute halt ..."), da sagte sie mit einem Lächeln: „Das ist gut zu wissen mit dem Tischgebet. Ich will mich nämlich bei euch nicht blamieren."

An diesem Abend lief ich zwar nicht heulend durch den Regen, und die Streiflichter meines Lebens zogen auch nirgends vorbei, sondern ich ging wie geplant ins Kino. Aber trotzdem gab mir die Aussage meiner Mitstudentin zu denken. Denn die Wörter „Tischgebet" und „blamieren" hatte ich bereits oft in einem Atemzug gehört. Aber nicht mit dieser Aussage. Bisher war es immer ich gewesen, der Angst vor dieser Situation gehabt hatte. Dass auch der Gast unsicher sein könnte, auf diesen Gedanken war ich nie gekommen. Nicht nur ich hatte die ganzen Jahre Angst vor einer peinlichen Situation. Meinen Gästen ging es genauso.

„Ich will mich bei euch nicht blamieren!"

An göttlichen Dingen teilhaben lassen

Dieses kurze Gespräch veränderte meine Sicht auf die Tierlein und Blümlein, auf kalt werdende Nudeln, auf Traditionen im Allgemeinen und Tischgebete im Speziellen. Beten ist etwas Intimes, es sollte nicht wahllos eingesetzt werden. Aber diese Spannung kann auch spannend für andere sein. Hätten sich meine Mitschüler damals bekehrt, wenn sie bei mir zu Hause mehr als die frommen Sprüchekärtchen an der Küchenwand erlebt hätten? Vielleicht. Vielleicht auch nicht. Aber sie wären in diesem Moment genauso unsicher gewesen wie ich. Fremdheit erzeugt Angst, ja. Aber Fremdheit erzeugt auch Neugierde. Sie hätten vom Christsein mehr mitbekommen als fromme Kalender-Sprüche und meine spärlichen Erzählungen über den Jugendkreis.

Fremdheit erzeugt Angst. Und Neugier.

Mit der Zeit verstand ich die Bedeutung eines Tischgebetes besser. Bei Reisen per Flugzeug und Fernseher in ärmere Länder habe ich festgestellt, dass das tägliche Brot eben nicht selbstverständlich ist.

Ich lade zwar immer noch nicht jeden Menschen zu einer privaten Gebetsnacht ein. Doch ich versuche, beim gemeinsamen Mahl meine Freunde an göttlichen Dingen teilhaben zu lassen. Das kann das Tischgebet sein oder Lobpreis-Musik im Hintergrund, die ein wenig von der Faszination Gottes spüren lässt.

Beten empfinde ich noch immer als etwas Heiliges. Doch ich möchte es wagen, auch Nichtchristen mit dieser Heiligkeit bekannt zu machen. Vorsichtig zwar, behutsam und mit Bedacht. Aber ich will es ihnen nicht mehr vorenthalten.

Michael Handel (Jahrgang 1981), nach Abitur und Zivildienst Jahrespraktikum in der Zeitschriftenredaktion des Bundes-Verlages in Witten, inzwischen Kolumnist der Jugendzeitschrift „dran" und seit 2003 Student in Halle/Saale (Medienwissenschaften, Psychologie und BWL). Ehrenamtlich ist er aktiv in der Studentenmission (SMD) in Halle.

„Frucht bringen"

Anke Kallauch über
ihre verkrampften
Versuche, Menschen
zu bekehren – und
über das unver-
schämte Glück, ab
und zu am richtigen
Ort gewesen zu sein.

Von Haus zu Haus unterwegs.

„Ein Apfelbaum trägt Äpfel, ein Kirschbaum bringt Kirschen hervor. Was glaubst du: Welche Früchte sollte ein Christ tragen? Richtig – seine Früchte sind neue Christen!"

Das war das Credo, das mir in meiner Jugendzeit immer wieder begegnete. Zugegeben, die Christen in meiner Umgebung waren nicht so wahnsinnig fruchtbar, wie dieses Naturgesetz mich glauben machen wollte. Aber wie die meisten von ihnen wollte ich ja auch nicht sein. Ich wollte ein wirklich fruchtbarer Christ sein. Eine Christin, die den Rettungsring, den sie selber ergriffen hatte, anderen zuwerfen wollte. Das wäre doch auch wirklich gemein, wenn man im sicheren Boot sitzt und sieht die Menschen in seiner Umgebung – die Nachbarn, Bäckereiverkäuferinnen, Oberstudienräte, Cousinen und Cousins dritten Grades und zufällige Passanten – wie in der Schlussszene von „Titanic" im kalten todbringenden Nass treiben.

Wenn man ihnen dann nicht das Evangelium erklärt – was ja nicht so schwierig ist, da man die „Vier Geistlichen Gesetze" im handlichen Taschenformat in der Hosentasche trägt – dann gehen alle diese Menschen verloren! Also war ich dabei: Straßeneinsätze mit Pantomimestücken, von Haus zu Haus unterwegs, jederzeit bereit, Zeugnis von der Hoffnung abzulegen, die in mir lebte.

Die effektivste Gabe

Dummerweise bekehrte sich trotz meines Bemühens kein Mensch. Richtig gelesen: kein Einziger. Das musste höchstwahrscheinlich an mir liegen. Ich fand es echt schwer

„Zeugnis abzulegen", wie es so schön hieß. Ich vermutete, das lag daran, dass ich keine Knaller-Bekehrungsgeschichte hatte. Ich hatte Gott schon als Kind eingeladen, in mein Leben zu kommen, und war Stück für Stück in dieser Beziehung gewachsen. Keine wirklich schwerwiegenden falschen Wege, von denen Gott mich geholt hätte, keine dramatische Umkehr, die ich in einer farbenfrohen Geschichte hätte schildern können. Schade eigentlich.

Keine dramatische Umkehr. Schade eigentlich.

Irgendwann hörte ich davon, dass Gott jedem Christen geistliche Gaben schenkt. Also betete ich lange und intensiv darum, Gott möge mir doch bitte die Gabe der Evangelisation schenken. Ich fand einfach, das sei die effektivste Gabe.

Wer diese Gabe hat, so stellte ich mir das vor, der trinkt mit einer Freundin Kaffee – und noch bevor der kalt geworden ist, hat sie ihr Leben Christus geschenkt. Ich verfolgte diesen Wunsch Gott gegenüber hartnäckig. Ich weiß noch genau, dass ich einmal im Schwimmbad meine Bahnen zog und mit Gott wieder über diese Gabe diskutierte. „Herr, das wäre auch für dich ziemlich geschickt, wenn du mir diese Gabe geben würdest. Du weißt doch, dass ich nicht auf den Mund gefallen und auch nicht feige bin. Wenn ich jetzt noch diese Gabe hätte, könnte ich reihenweise Menschen für dich gewinnen. Das müsste doch ganz in deinem Sinne sein, oder?"

Am Ende meiner Bahn hockte schon seit geraumer Zeit ein Mädchen, das etwas unglücklich aussah. Da war auf einmal der

Gedanke in mir: „Der Herr hat sie in meine Hand gegeben!" Und ich erkor sie zu meinem Evangelisationsopfer. Ich sprach sie an, wir quatschten ein bisschen. Sie wohnte zwar am entgegengesetzten Ende des Ortes, aber ich begleitete sie nach Hause. Fragte sie nach ihrer Traurigkeit, erzählte ihr von Jesus und – nichts. Kein Bekehrungswunsch. Zugegeben, ich fühlte mich ein bisschen von Gott auf den Arm genommen.

Das Ende des „Profi-Christseins"

Wahrscheinlich hatte ich es falsch angepackt. Also las ich noch ein paar Bücher über persönliche Evangelisation, betete für Menschen, die mir über den Weg liefen, aber so richtig tat sich nichts.

Mein Evangelisationsopfer.

Gott muss meine Frustration gesehen haben und so führte er es, dass ich zweimal dabei sein durfte, wie ein Mensch einen neuen Anfang in seinem Leben machte, sich Gott zuwendete und nach tränenreichem Gebet die echte Gewissheit hatte: „Ich bin erlöst!"

Ich vermute, dass diese Lebensübergaben nicht so viel mit mir zu tun gehabt haben. Die beiden hatten ziemlich viel Zeit mit anderen Christen verbracht und Gott hatte still und leise sein Werk in ihnen angefangen. Ich hatte nur das unverschämte Glück, am Ende des Prozesses am richtigen Ort zu sein.

Die Phase meines „Profi-Christseins", also Theologiestudium und Hauptamtliche in der Gemeinde, ging zu Ende und ich wurde Mutter von drei Kindern. Langsam, aber sicher stand ich mitten im Leben. Durch meine Kinder lernte ich viele Menschen kennen: glückliche und weniger glückliche. Menschen, für die ich viel gebetet habe, und andere, die einfach so Teil meines Lebens waren. Die Sache mit der Evangelisation geriet langsam in den Hintergrund. In dieser Zeit hatte Gott die Gelegenheit, meinen „kleinen frommen Schaden" zu heilen und mich mit mir selbst zu versöhnen. Ich entdeckte Dinge, die mir richtig Spaß machten und allesamt mit Gaben und Fähigkeiten zu tun hatten, die Gott schon ganz lange in mir angelegt hatte: die Bibel auf kreative Weise zu lehren, zu musizieren, mal lustige, mal tiefsinnige Anspiele zu schreiben, Bedürftigen zu helfen.

Ich entdeckte Dinge, die mir Spaß machten.

Es lässt sich nicht erzwingen

Dann passierten im Lauf der Jahre Dinge, von denen ich immer schon geträumt hatte: Menschen fanden auf vielen Umwegen, indem sie meine Lebenswege kreuzten, zu Gott! Ich lernte völlig unverkrampft Menschen kennen, öffnete mein Herz und Leben

Frucht wächst, aber sie lässt sich nicht erzwingen.

(ohne Evangelisationsabsichten!) für sie – und sie fragten mich nach Gott.

Von manchen, in deren Leben ich Spuren hinterließ, habe ich erst im Nachhinein gehört. Sie hatten vielleicht mit Mitarbeitern zu tun, die ich in Seminaren geschult hatte, wie man mit Kindern singen kann. Das Leben zog einfach seine Kreise. Ich habe keine Ahnung, wie viele Menschen das waren. Vielleicht fünf, vielleicht zwanzig? Es ist mir inzwischen auch nicht mehr wichtig.

Wichtig dagegen ist es für mich geworden, authentisch zu sein und das zu leben und zu entwickeln, was durch Gottes Gnade schon seit meiner Geburt und seit meiner eigenen Hinwendung zu ihm in meinem Herzen steckt.

Vor ein paar Jahren habe ich viel Zeit und Mühe darauf verwendet, ein Familienbuch mit Bibelversen für jeden Tag zusammenzustellen, das es christlichen Familien ermöglichen soll, einen guten Start in den Tag zu gestalten. Also kein wirkliches Evangelisationsprojekt, sondern etwas für Menschen, die schon mit Gott leben. Am 31. Dezember traf ich Freunde von mir, die ich schon seit Jahren kenne und an deren geistlichem

Anke Kallauch (Jahrgang 1965) studierte in Gießen Theologie. Mit ihrem Mann Daniel, ihrer Tochter Mona (16) und ihren Söhnen Oliver (14) und Fabian (10) lebt sie in Diez /Lahn. Sie liebt es, kreative Gottesdienste für Kinder und Erwachsene zu erfinden und möchte gerne das Miteinander der Generationen in der Gemeinde fördern. In der Gemeinde vor Ort schätzt sie die Unterschiedlichkeit der Geschwister und ermutigt hier und in den Seminaren, die sie gemeinsam mit ihrem Mann gibt, Menschen, das zu tun, was sie gerne tun. Gemeinde soll ein Ort der Entfaltung und der Authentizität sein.

Horizont sich meines Ermessens eigentlich nichts getan hatte. Ehrlich gesagt hatte ich mit ihnen auch noch nie wirklich über meinen Glauben gesprochen. Freudestrahlend zeigten sie mir ihre Einkaufstüte. „Hey Anke, du hast ja ein Buch geschrieben. Wir freuen uns schon darauf, morgen mit dem Lesen anzufangen." Nun, die Freude war ganz auf meiner Seite. Ich merkte noch einmal: Gott handelt, wenn wir ihm die Möglichkeiten geben. Frucht wächst, aber sie lässt sich nicht erzwingen.

„Kannst du Jesus mitnehmen?"

Dieter Theobald über
eine verwirrende Frage
seiner Mutter, eine
Kindheit ohne Jahrmarkt
und Kino – und über
seine Bibelsprüche in
der Schuhfabrik.

„Mit Jesus unterwegs zu sein, führt zu sehr begrenzten Möglichkeiten!"

Jetzt müssen Sie nicht gleich den Kopf schütteln und an meinem Glauben zweifeln. Was ich da eben gesagt habe, war meine Erfahrung vor fünf bis sechs Jahrzehnten. Inzwischen hat sich das aber gewaltig verändert. Ich blende zurück:

Ich bin mit drei Geschwistern in einer Familie aufgewachsen, die sich zur landeskirchlichen Gemeinschaft hielt und die gut pietistisch ihren Alltag lebte. In meinem Fotoalbum aus der frühen Kindheit ist ein Bild, auf dem meine Mutter vor dem Harmonium sitzt und spielt – und wir lieben Kleinen stehen drum herum und singen. Das gängige Liedgut damals lautete: „Solang mein Jesus lebt ...", „Weil ich Jesu Schäflein bin ...", „Ich bin durch die Welt gegangen ...", „Nur mit Jesus will ich Pilger wandern ...". Es waren freilich noch eine Menge anderer Lieder, aber sie waren alle in diesem Stil. Sie haben uns gefallen und wir wussten, dass sie die biblische Wahrheit repräsentierten.

„Weil ich Jesu Schäflein bin."

Da gab es überhaupt keine Bedenken: Jeder von uns wollte ein „Schäflein Jesu" sein und wollte als „Pilger" seinen Lebensweg „mit Jesus wandern". Etwas anderes wussten wir nicht, etwas anderes wollten wir nicht – und etwas anderes durften wir ja auch nicht!

Ich erlebte dies alles etwa nicht als Einengung. Das war meine feste Überzeugung und mein Glaube. So wie ich das eben als Kind verstand und wusste. So wie ich das von zu Hause gehört und in der Sonntagschule gelernt hatte.

Mit Knurren und Murren

Aber da war nun halt etwas, das in der Praxis des Alltags die „Freude am Glauben" oder die „Freude an Jesus" immer wieder einmal schmälerte und einengte. Wir lebten ja nicht auf einer einsamen Insel. In unserer Nachbarschaft wohnten andere Familien mit Kindern, die nicht an Jesus glaubten. Und auch in der Schule waren die meisten meiner Mitschüler nicht „als Pilger mit Jesus am Wandern".

Und diese Kinder durften Dinge tun, die wir nicht tun durften. Sie durften im Sommer ins Freibad – wir nicht! Denn „wer sich in Gefahr begibt, kommt darin um!"

Sie durften auch ab und zu ins Kino (und was lief damals schon?).

Sie durften auf den Jahrmarkt und dort auf die Schiffschaukel und die Autorennbahn. Sie durften am Schießstand ihre Schützenkünste erproben und mit einer Plüschrose oder einem Teddybär als Trophäe stolz nach Hause marschieren. Sie durften sich auch an Fastnacht verkleiden und auf der Straße herumtollen. Sie durften später auch in die Tanzstunde.

Freibad. Kino. Wir durften das alles nicht.

Wir durften das alles nicht. Das würde nämlich dem Herrn Jesus keine Freude machen. Und wenn wir die Mutter fragten, warum wir nicht tanzen dürften, ob das denn etwas Schlechtes sei, kam regelmäßig die Antwort: „Tanzen an und für sich ist keine Sünde – aber wer tanzt denn schon an und für sich!"

Lange hatte ich den Sinn dieser tiefsinnigen Worte nicht verstanden, aber in der Pubertät überkam mich eine dumpfe Ahnung, was Mutter gemeint haben könnte.

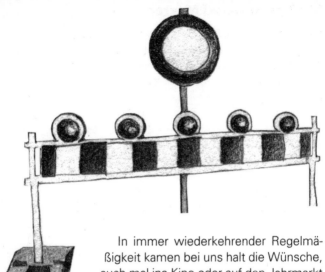

In immer wiederkehrender Regelmä-
ßigkeit kamen bei uns halt die Wünsche,
auch mal ins Kino oder auf den Jahrmarkt
gehen zu dürfen. Bei all diesen „weltlichen
Genüssen" oder „zur Sünde verleitenden
Dingen" kam, wenn wir unsere Mutter darum baten (der Vater durfte da keine andere Meinung haben!), nicht etwa ein kurzes
Nein, das keinen Widerspruch duldete.

Mutter überließ uns Kindern die Entscheidung, indem sie akzentuiert und unmissver-
ständlich den Satz sagte: „Wenn du Jesus
mitnehmen kannst ...!" Und das war nun freilich für uns eine sehr schwere Entscheidung.
Wir wollten ja Jesus nicht betrüben. Wenn
Jesus das nicht wollte, dann wollten wir es
auch nicht – selbst wenn wir es wollten.

Was im Herzen meiner Geschwister da jeweils vor sich ging, weiß ich nicht. Ich weiß
nur, dass ich manches Mal mit Knurren und
Murren im Herzen darauf verzichtete – „um
Jesu willen"!

Mit Jesus beim Metzger

Ich habe die Worte meiner Mutter nicht leichtfertig in den Wind geschlagen und mich einfach darüber hinweggesetzt. Ich versuchte mir vorzustellen, wie Jesus in den Rängen des Kinos saß oder in ein gummigepuffertes Auto auf der Rennbahn einstieg. Unvorstellbar!

Jesus hatte doch ein langes, weißes, wallendes Gewand an. Wie sollte er da ...? So hatte ich ihn doch in der Kinderbibel gesehen und kennen gelernt. Nein, in dieses Umfeld konnte ich diesen Jesus nicht mitnehmen. Also blieben er und ich zu Hause.

Heute denke ich zwar, dass er damals auch dort auf dem Jahrmarkt war. Nur ich war daheim geblieben – traurig, aber um Jesu willen!

Übrigens: Unsere Mutter wollte nicht nur verbieten, sondern uns eine Alternative bieten. An Fastnacht oder wenn Jahrmarkt war, bekamen wir einen Extrabatzen, mit dem wir uns irgendetwas kaufen durften, was uns Freude machte (die oben erwähnten „vergänglichen Freuden" aber ausgenommen!). Ich bin mit meinem Minivermögen fast immer in die nahe Metzgerei gegangen, habe mir ein großes Stück Lyoner- oder Leberwurst gekauft und sie ohne Brot aufgegessen. Ich denke, dass ich da Jesus habe mitnehmen können.

Jesus auf dem Jahrmarkt?

„Etwas großzügiger sollte Jesus doch sein!"

Heute, ein halbes Jahrhundert später, schaue ich zurück und überlege, was dies alles in meinem Leben bewirkt und ausgelöst hat. Ich bin deswegen nicht vom Glauben an Jesus weggekommen. Ich habe aber später Jesus „noch anders" kennen gelernt. Nicht nur im langen wallenden Gewand.

Aber ein kleiner frommer Schaden – ja, das war es wohl! Ja, es war wohl mehr, als ein „kleiner frommer Schaden". Ohne es böse zu meinen hat unsere Mutter mit ihrem „weisen Rat" uns immer wieder ein schlechtes Gewissen angehängt. Ich bin zwar nie heimlich zum Jahrmarkt oder ins Kino gegangen (soll ich stolz darauf sein?), aber ich bin auch nicht mit Frieden im Herzen oder mit großer Glaubensfreudigkeit zu Hause geblieben. Tief im Innern hatte sich der Gedanke eingenistet: „Etwas großzügiger sollte Jesus doch sein!" Warum ist er denn so kleinlich in Dingen, die mir (damals jedenfalls) etwas bedeutet hätten?

Die verordnete Enthaltsamkeit.

Diese verordnete Enthaltsamkeit von weltlichen Freuden, die meine Mutter mit den Worten: „Wenn du Jesus mitnehmen kannst ..." bewirkte, sollte uns nicht nur bewahren vor den „Pfaden der Sünde", sondern hatte noch einen weiteren geistlichen Aspekt.

Wir mussten als Christen, die an Jesus glauben, doch auch ein Zeugnis sein für unsere Mitmenschen. Und dieses „Zeugnis sein" hatte eine doppelte Stoßrichtung. Wir sollten mit unserem Verhalten (oder Enthalten) keinen Anstoß geben (da gab es doch das Wort vom „Ärgernis" in der Bibel und dem Mühlstein um den Hals ...!), und wir sollten andererseits ein Zeugnis sein, dass Jesus auch ohne „all das" wahres Leben, wahre Freude und „volles Genüge" gibt. Dieses Zeugnis musste aber nicht nur gelebt, sondern auch ausgesprochen werden.

Dieser Aspekt des Lebens mit Jesus wurde dann im erweiterten Umfeld der Stadtmissionsgemeinde gelebt und gelehrt. Ist ja auch biblisch!

„Zeugnis geben"

Und so sind wir als Jugendliche vor oder nach der Jugendstunde oder auch am Sonntag auf die Straße gegangen, haben gesungen, Traktate verteilt und „Zeugnis abgelegt". Denn schließlich hat Jesus doch seinen Jüngern den Befehl gegeben: „Ihr sollt meine Zeugen sein ...".

Dieses „Zeugnis ablegen" war mir nun nicht gerade in die Wiege gelegt. Das kostete oft viel Überwindung. Ich schämte mich – und hatte dann deswegen ein schlechtes Gewissen. Denn schließlich hieß und heißt es im Neuen Testament: „Wer mich verleugnet vor den Menschen, den will auch ich verleugnen vor meinem himmlischen Vater."

Als Auszubildender wollte ich selbstverständlich gegenüber meinen Kollegen ein Zeugnis sein, was manchmal mehr ungeschickt als vom Geist geschickt geschah. Die Reaktionen blieben nicht aus. Noch heute sehe ich einen meiner Kollegen, wie er mit Augenaufschlag und gefalteten Händen spottend das Lied sang: „Harre, meine Seele, harre des Herrn ...". Die andern lachten, ich wurde rot und „litt um Christi willen". Aber ich war doch zumindest ein Zeugnis für Jesus.

Als ich dann später meinen Arbeitsplatz wechselte – ich war als Nähmaschinen-Me-

> Ich schämte mich – und hatte deshalb ein schlechtes Gewissen.

chaniker in einer großen Schuhfabrik tätig –, wollte (sollte?) ich auch dort ein Zeugnis sein. In unserer Mechanikerwerkstatt – ein Glaspavillon mitten in einer Halle mit einigen hundert Frauen an den Steppmaschinen – brachte ich für alle sichtbar einen Wechselrahmen an, in den ich Monat für Monat den neuen Monatsspruch einfügte. Bibelworte, die für Nichteingeweihte wie eine südchinesische Mundart wirken mussten. Ich wollte (musste?) doch ein Zeugnis sein! Wenn der Monatswechsel kam, ging ich extra früh zur Arbeit, damit ich den neuen Bibelspruch anbringen konnte, bevor mir Hunderte von Frauenaugen zusahen.

Ein Wechselrahmen – für alle sichtbar.

Eine nachhaltige Wirkung

Es hat lange gebraucht, bis ich verstand und erkannte, dass das „Zeugnis sein" nicht zuerst eine Aktion ist, sondern eine Verhaltensweise. Ich soll und darf ein Zeugnis sein durch mein Verhalten im Umgang mit den Menschen, mit denen ich Tag für Tag zusammenkomme und -arbeite.

Der kleine fromme Schaden hatte eine nachhaltige Wirkung in meinem Leben: Bis zum heutigen Tag fällt es mir nicht leicht, mit anderen Menschen über meinen Glauben zu reden. Ich weiß inzwischen, dass für mich der Schwerpunkt meines „Zeugnisgebens" nicht im „Worte machen" liegt, sondern im ganz schlichten Alltagserleben mit Jesus.

Und da könnte ich meiner Mutter heute fröhlich sagen: „In meinen Alltag, ja, da kann ich Jesus mitnehmen!" Er ist sowieso da ...

Dieter Theobald ist in Deutschland aufgewachsen, lebt seit dem Besuch des Theologischen Seminars St. Chrischona in der Schweiz, ist seit 40 Jahren mit Vreni verheiratet und freut sich nun über seine Pensionierung, die ihm neue Freiheiten und Perspektiven ermöglicht.

„Okkulte Rockmusik"

Katrin Schäder über eine Jugend in der DDR, über die fromm-deutsche Version von Beatles-Liedern und über die Angst vor Rückwärtsbotschaften auf Rock-Schallplatten.

Zuallererst eine Beichte: Ja, es stimmt. Ich habe schon einmal – sogar mehrmals! – die fromme Variante von „Yellow submarine" gesungen, die da mit neuem Text versehen „Besser sind wir nicht, aber besser sind wir dran" heißt. Schlimmer noch: Ich habe sogar dazu Gitarre gespielt! Hobby-Jugendkreis-Gitarristen werden wissen, dass sich dazu ein herrlicher Swing schrammeln lässt …

In besten Zeiten blies sogar noch einer dazu auf dem Kamm und ein anderer entlockte einer altersschwachen Mandoline absonderliche Töne. Da kam Stimmung auf am Tisch mit der alten Webtischdecke, an dem wir uns wöchentlich versammelten. Und ein bisschen zog ja auch der Duft – oder besser: der Klang – der großen weiten Welt durch unser DDR-Jugendzimmer. Denn schließlich kam das Lied, das wir sangen, ja ursprünglich von den Beatles!

Zuerst eine Beichte.

Heiden-Angst

Wir sangen das Lied mit Begeisterung bis … ja, bis zu dem Tag, an dem wir von einem älteren Mitarbeiter eine markige Jugendstunde gehalten bekamen, in der uns nicht nur Hören und Sehen verging, sondern vor allem das Singen. Wir lernten: Der Teufel steckt nicht im Detail, sondern im Schlagzeug. Und im Saxofon. Und in der E-Gitarre. Fazit: Musik, die einen als Dreizehnjährigen im Takt wippen lässt und nach der man am liebsten tanzen möchte, wenn es keiner sieht, kommt direkt aus der Hölle. Und bringt einen auch dahin. Der Jugendstunden-Halter hatte aufgrund dieser Erkenntnis gerade seine umfangreiche Sammlung belastender Schallplatten weggeworfen. Und wollte uns zu selbigem motivieren. (Überflüssiger Hinweis an dieser Stelle darauf, dass besagte Schallplatten nicht aus einem Laden stammten, sondern auf abenteuerlichen Wegen erhandelt, ertauscht oder mit harter Währung erkauft waren!)

Untermalt wurde der flammende Wegwerf-Appell mit gruseligen Geschichten, in denen Menschen, die Rockmusik gehört hatten, von bösen Geistern heimgesucht und/oder Dämonen gequält wurden.

Meine Freundin und ich, beide im besten Teenie-Alter, bekamen jedenfalls eine solche Heiden-Angst (dieses Wort habe ich an dieser Stelle bewusst verwendet und erkläre es später!), dass wir uns kaum von der Jugendstunde nach Hause trauten. Schließlich führte unser Weg durch die menschenleere Altstadt – anno 1980 konnten zwei Mädels abends noch alleine nach Hause laufen! – und einige reichlich dunkle Gassen. Hinter jedem Busch, hinter jeder Hausecke vermuteten wir irgendwelche unreinen Geister, die uns für unseren bisherigen Musikkonsum bestrafen wollten. Irgendwie kamen wir dann noch schweißgebadet, aber heil daheim an.

Und nun? Irgendwie konnte ich ja im Grunde meines Herzens nicht einsehen, dass Instrumente über Gut und Böse entscheiden sollten. Posaune ist gut, Schlagzeug ist schlecht? War das biblisch?

Hinzu kam ja noch erschwerend, dass ich – weder damals noch heute – zwischen „böser" und „guter" Musik unterscheiden kann

Wegwerf-Appelle – untermalt von gruseligen Geschichten.

Was tat man da? Abschalten?

und mag, auch nicht zwischen U- und E-Musik oder zwischen irgendwelchen anderen fragwürdigen Kategorien. Ich mag Musik, ich liebe Musik, ich höre sie, ich mache sie, ich brauche sie. Aber nicht vorsortiert, sondern nur nach einem einzigen Kriterium: Bringt sie mich Gott und mir selbst näher? Tut sie mir gut?

Da saßen wir nun – mit unseren Schallplatten und unserer Unsicherheit. War es wirklich gefährlich, Radio zu hören? Wenn da nun ein Lied von der „falschen" Band gespielt wurde …? Was tat man da? Abschalten? Sich die Finger in die Ohren stopfen, auch wenn man sich gerade die Nägel lackierte? Nur noch „cleane" Sender respektive Musikstile hören?

Direkt ins Unterbewusstsein

Dann bekam das Feuer unserer Angst noch eins nachgelegt: Backward-Masking nannte sich das. Laut Internet eine „Methode der Black-Metal-Musik, bei der Texte rückwärts auf Schallplatten gepresst werden, so dass diese beim normalen Abspielen nicht erkannt werden. Erst wenn die Platte rückwärts gespielt wird, sind die Texte zu verstehen. (…) Die Behauptung, dass sich diese Texte direkt ins Unterbewusstsein einimpfen, ist bisher nicht erwiesen worden."

Wurde uns aber so verkauft. Heißt: Auch wenn ich nicht verstand, was man mir da unbewusst vorsang: Es hatte Einfluss auf mich! – Da waren sie wieder, die bösen Geister!

Ich möchte an dieser Stelle keine Diskussion lostreten, ob es Backward-Masking überhaupt gibt. Wenn ja, ob versteckte Texte mein Denken und Handeln beeinflussen können. Ob Musik auch negative Auswirkungen haben kann. Mich von Gott wegbringen kann. Ob „belastete" Melodien mit neuem Text ihr negatives Potenzial behalten. Ob John Lennon und/oder George Harrison Satanisten waren. Ob unser ganzer Jugendkreis seit „Yellow submarine" okkult verseucht war …

Ich übertreibe. Stimmt. Weil ich mich heute furchtbar über die Angstmacherei meiner Teenagerzeit und darüber hinaus ärgere. Warum?

Nur die halbe Wahrheit

Erstens: Weil wir nur die halbe Wahrheit erfuhren. Richtig. Es gibt Menschen, auf die moderne (Rock-, Pop-, Hiphop-, Was-auch-immer)-Musik negative Auswirkungen hat. Weil sie genau damit ein Problem haben. Weil es sie beispielsweise an ihre Nicht-Christen-Zeit erinnert. Genauso gibt es aber Menschen, die mit Posaunenchören ein Problem haben, weil es sie an die Märsche der Nazi-Zeit erinnert. Hat schon mal einer darüber eine Jugendstunde gehalten? (P.S.: Ich

Wir erfuhren nur die halbe Wahrheit.

Wovor warnen wir Christen morgen?

persönlich liebe Posaunenchöre. Das muss daran liegen, dass ich – laut Aussage Verantwortlicher – direkt nach einer Übungsstunde des örtlichen Posaunenchores entstand ... Aber das gehört nun wirklich nicht hierher!).

Zweitens: Offenbar gibt es auch in der christlichen Szene Modeerscheinungen. Lieblings-Feindbilder. Vergängliche „Heute-habe-ich-vor-dir-Angst"-Modelle. Fragen Sie mal einen Fünfzehnjährigen, ob er Angst vor einem Lied mit Schlagzeug hat (ich hab's getan und einen „biste-krank?"-Blick geerntet!). Unsere Gottesdienst-Band spielt jeden Sonntag Anbetungslieder in einer Besetzung, bei der eigentlich die Teufel die Kessel extra-heiß anfeuern müssten ... Regt sich noch einer darüber auf? Nein. Interessanterweise nicht. Irgendwie scheint die Gefahr von Schlagzeug, Saxofon und E-Gitarre (genau die hören wir nämlich allsonntäglich!) vorbei zu sein. Und wovor warnen wir Christen morgen?

Drittens: Am wichtigsten ist mir: Wir haben die Gefahren gezeigt bekommen – von Musik, von Okkultem aller Art, von ... Aber das Wesentliche, das Entkrampfende, das Alles-Entscheidende, das fiel größtenteils hinten herunter:

Jesus ist der Sieger. Ohne Wenn und Aber. Ohne „vielleicht" und „aber auch". Jesus ist stärker! Als alles. Als jeder. Als jede versteckte oder offene Bedrohung. Oft, vielleicht zu oft gehört. Und deshalb verwässert, nicht mehr so ernst genommen. Aber alles entscheidend! Natürlich sollen wir uns nicht sehenden Auges und leichtherzig in Gefahr begeben. Aber dass ein Geist aus dem Saxofon uns so einfach und gegen unseren Willen auf die „dunkle Seite" ziehen soll, das kann und das will ich nicht glauben. Lieber halte ich mich an den, der alles Dunkle, Bedrohende, Bindende überwunden hat: Jesus Christus.

Das hätte man uns sagen sollen: jubelnd, triumphierend. Und nicht Heiden-Angst verbreitend. Licht der Welt statt okkultem Muff. Jesus-Power gegen Dämon im Gebüsch! Das muss man uns sagen. Immer wieder, damals und heute. Damit wir es nicht vergessen bei allem, was uns Angst machen will.

Es war für mich ein langer, aber auch ein interessanter, lehrreicher Weg aus der Enge in die Weite der Musik. Danke ganz besonders an Andreas I und Andreas II – Schmidt & Malessa –, die mir dabei Freund, Hilfe und Korrektur waren und sind.

Und wissen Sie, was ich jetzt mache? Ich lege mir eine CD ein. Mit welchem Musikstil? Verrate ich nicht!

Jesus-Power gegen Dämonen im Gebüsch.

Katrin Schäder, Jahrgang 1965, lebt mit ihrem Mann in Velbert und arbeitet in einem Büro für Kommunikationsdesign. Sie schreibt Liedtexte, Kurzgeschichten und Artikel für verschiedene Zeitschriften. Ihren kleinen musikalischen Schaden hat sie inzwischen überwunden – sie gibt Gitarrenkurse in ihrer Gemeinde.

„Unwürdig zum Abendmahl"

Martin Plücker über seine Angst vor dem Abendmahl und eine befreiende Entdeckung im Theologie-Studium. Heute ist er Pastor und lädt seine Gemeinde ein, ohne Gewissensbisse das Abendmahl zu nehmen.

Erst Unbehagen, dann Angst.

Als Familie lebten wir mitten in der Gemeinde. Mein Vater im Leitungskreis, meine Mutter Hausmeisterin, unsere Wohnung im gemeindeeigenen Wohnhaus. Meine Schwester und ich hatten immer mehr Lebens- und Spielraum, als die gemieteten vier Wände hergaben. Ich habe das sehr genossen, diese Zeit hat mein Leben stark geprägt und ich bin sehr dankbar dafür.

Durch das authentische Vorbild meiner Eltern wuchs ich in den Glauben an Jesus Christus hinein. Es machte mir als Heranwachsendem viel Freude, in der Gemeinde zu leben, mich auf meinen Glauben hin taufen zu lassen und auch verbindliches Mitglied meiner Gemeinde zu werden. Gemeinsam mit meinem damaligen Freundeskreis stellten wir viele schöne Dinge auf die Beine. An einer Stelle jedoch schlich sich in mein unbefangenes Gemeindeleben erst Unbehagen und dann eine Angst ein, mit der ich nicht so recht umzugehen wusste.

Gefährliches Abendmahl?

Die freikirchliche Gemeinde, zu der ich gehörte, feierte einmal im Monat im Anschluss an den Gottesdienst das Abendmahl. Lange Zeit traute ich mich als Teenager nicht, daran teilzunehmen. Irgendwie empfand ich da eine Hürde, obwohl ich es mir selber vielleicht schwerer gemacht habe, als es gut gewesen wäre. Als ich jedoch einmal den Mut gefasst hatte, war ich jeden Monat mit dabei, wenn wir als Gemeinde Abendmahl feierten.

Zur Gestaltung des Abendmahls gehörten

Textlesungen aus der Bibel. Einer wurde immer wieder vorgelesen und verunsicherte mich zunehmend. Der gelesene Abschnitt aus 1. Korinther 11 blieb in der Regel unerklärt. Nachdem Paulus an die Einsetzungsworte Jesu zum Abendmahl erinnerte, steht dort: „Wer nun unwürdig von dem Brot isst und aus dem Kelch des Herrn trinkt, der wird schuldig sein am Leib und Blut des Herrn. Der Mensch prüfe aber sich selbst und so esse er von diesem Brot und trinke aus diesem Kelch. Denn wer so isst, dass er den Leib des Herrn nicht achtet, der isst und trinkt sich selber zum Gericht."

War ich würdig? Diese Frage stand plötzlich vor mir. Und umgekehrt: Stehe ich in der Gefahr, unwürdig vom Abendmahlsbrot zu essen und den Traubensaft zu trinken? Ich sollte mich prüfen, aber worin?

Klar war mir, dass ich Jesus auf keinen Fall missachten wollte. Klar war mir auch, dass ich mit meinem Leben die Liebe Jesu und das Angebot der Rettung nicht verdient hatte. So gesehen war ich unwürdig. War das in dem Bibeltext gemeint? Und es ging noch weiter. Manchmal wurde auch der Folgevers gelesen: „Darum sind auch viele Schwache und Kranke unter euch, und nicht wenige sind entschlafen."

Meine Verunsicherung wurde noch stärker. Kann es für mich gefährlich werden, am Abendmahl teilzunehmen? Ist am Ende mein Leben bedroht, wenn ich das unwürdig mache? Diese Fragen trafen mich. Aus dem anfänglichen Unbehagen wuchs eine stille Angst.

Ich sollte mich prüfen, aber worin?

Schweigend verdrängt

So nahm ich mir vor, die anderen in der Gemeinde zu beobachten. Viele nahmen regelmäßig am Abendmahl teil, aber niemand schien äußerlich daran Schaden zu nehmen, mich eingeschlossen. Kann es also so schlimm nicht sein? Dieser Eindruck verfestigte sich zunehmend, und so verdrängte ich nach und nach meine Fragen.

An Erklärungen zu diesem Text kann ich mich nicht erinnern. Vielleicht hat es mal eine aufklärende Predigt gegeben, vielleicht aber auch nicht.

Auch wenn ich sonst nicht auf den Mund gefallen bin, irgendwie habe ich mich nicht getraut, meine Fragen zu stellen. Weder meinen Eltern – sie hätten sie sicher beantwortet – noch in der Gemeinde. Meine Angst führte dazu, meine Fragen schweigend zu verdrängen und trotzdem weiter am Abendmahl teilzunehmen. Heute denke ich, dass ich es mir dadurch selber unnötig schwer gemacht habe.

Ich habe die Fragen schweigend verdrängt.

Der Zustand des schweigenden Verdrängens dauerte bis ins Studium hinein. Aufgrund einer persönlichen Berufung durch Gott habe ich fünf Jahre lang Theologie studiert und diese Zeit genossen. Dabei werde ich nie vergessen, wie mir in der Vorlesung über neutestamentliche Theologie mit Hilfe meines Lehrers ein ganzer Kronleuchter aufgegangen ist – Gott sei Dank.

Die Korinther ...

Das erste Mal in meinem Leben habe ich das elfte Kapitel des ersten Korintherbriefes in seinem Zusammenhang wahrgenommen und erklärt bekommen. Ich habe entdeckt, dass Paulus ja selber erklärt, was er unter würdig und unwürdig im Blick auf das Abendmahl versteht: Es geht um Missstände in Korinth und die Verletzungen der Bruderliebe, die dadurch entstanden, dass man in der Gemeinde dort das Abendmahl pervertierte.

In der Korinther Gemeinde traf man sich offensichtlich zunächst zum Abendessen. Jeder aß, was er mitgebracht hatte, manche hatten viel, andere nichts. Statt miteinander zu teilen, dachten einige Gemeindeglieder nur an sich, aßen sich satt und ließen andere hungrig sitzen. Wieder andere waren bis zur Abendmahlsfeier bereits betrunken. Und dann wurde Abendmahl gefeiert mit dem Bekenntnis zur Einheit der Gemeinde. Paulus wird drastisch: Das ist unwürdig – die Bruderliebe verletzen und gleichzeitig das Abendmahl feiern – in Wirklichkeit ist das kein Abendmahl!

Jeder soll sich selber prüfen – nicht die anderen!

Um der Gemeinde zu helfen, macht Paulus praktische Vorschläge: Beim Essen soll man aufeinander warten und miteinander teilen, um so die Bruderliebe zu leben. Jeder soll sich selber prüfen und nicht die anderen. Es geht nicht darum, sündlos zu sein, sondern den anderen in Liebe zu achten. Als ich das verstanden hatte, begriff ich, dass es nicht um mein Gefühl geht, würdig oder unwürdig zu sein.

Diese befreiende Entdeckung führte dazu, dass ich mit großer Freude und neu gewonnener Klarheit am Abendmahl teilnehmen konnte. Ich spürte ganz neu: Ich habe die Liebe Gottes nicht verdient, sie ist sein Geschenk. So, wie ich bin, kann ich vor Gott nicht bestehen. Aber gerade der, der sich wegen seiner eigenen Schuld vor Gott unwürdig fühlt, ist beim Abendmahl genau richtig. Hier kann ich schmecken und sehen, wie sehr Gott uns Menschen liebt. Hier wird deutlich, dass meine Schuld durch Jesus vergeben ist, wenn ich ihn darum bitte. Es geht um den Kern des Evangeliums.

Es geht nicht um mein Gefühl.

Ich möchte sensibel dafür bleiben, mit meinen Geschwistern in der Gemeinde in geklärten Beziehungen zu leben. Dankbar erlebe ich immer wieder, wie gut und wohltuend es ist, Reibungspunkte auszusprechen und Konflikte zu klären. Die Liebe Christi verbindet uns und hält zusammen.

Überraschende Vehemenz

Mittlerweile bin ich seit neun Jahren Gemeindepastor. In unserer Gemeindearbeit führen wir regelmäßig Kennenlernseminare durch, in denen neue Leute die Grundlagen unserer Gemeinde kennen lernen können. Dabei ist auch unser Abendmahlsverständnis ein Thema. In diesem Zusammenhang lese und erkläre ich den Abschnitt aus 1. Korinther 11 und erzähle von meinen persönlichen Erfahrungen. Dabei spüre ich immer wieder, dass ich dies mit einer überraschenden Vehemenz tue. Meine Ängste saßen wohl tiefer, als ich dachte. Um so wichtiger ist es mir heute, Ängste zu nehmen, wo Menschen ähnlich empfinden, wie ich in meiner Jugend empfunden habe.

Überhaupt habe ich gelernt, dass Angst im Blick auf das Abendmahl ein schlechter Ratgeber ist. Wenn wir unsere Abendmahlsgottesdienste feiern, dann erkläre ich, was Brot und Saft für uns bedeuten. Im Namen Jesu lade ich jeden ein, der an Jesus Christus glaubt, daran teilzunehmen. Ich lese die Einsetzungsworte und verzichte dabei auf die Verse, die für mich unverständlich waren. Das tue ich nur, wenn ich die Zeit habe, sie auszulegen und zu erklären.

Wer in falsch verstandener Angst vor dem Missbrauch des Abendmahls lebt, hat noch ein anderes Problem: Er will oder muss auch andere davor bewahren, unwürdig das Abendmahl zu nehmen und sich so selbst zu schaden. So erlebe ich manchmal, dass Menschen in christlichen Gemeinden selber sicherstellen wollen, dass nur Glaubende daran teilnehmen. Das ist im „normalen Gottesdienst" schwierig. Wer weiß schon, wie die Gäste denken, ob alle die Einladung (oder Ausladung) richtig verstehen?

Das führt bei manchen Gemeinden dazu, das Abendmahl nicht mehr im „normalen" Gottesdienst zu feiern, sondern in einem Extra-Abendmahlsgottesdienst. Ist das richtig? Wäre es wirklich so schlimm, wenn jemand

Meine Ängste saßen tiefer, als ich dachte.

173

„Unwürdig" bin ich letztlich auch.

das Abendmahl nimmt, der noch auf dem Weg zu Jesus ist? Vor allem: Habe ich dafür die Verantwortung?

Ich für mich halte daran fest, dass jeder selbst die Verantwortung dafür trägt, am Abendmahl teilzunehmen oder nicht. Ich jedenfalls trage sie als Pastor nicht für alle, die bei uns daran teilnehmen. Ich erkläre, was das Abendmahl bedeutet, lade im Namen Jesu dazu ein, weise auf den persönlichen Glauben hin. Und dann feiern wir miteinander das Abendmahl in Dankbarkeit für die Liebe unseres Herrn.

Denn eines weiß ich: „Unwürdig" bin ich letztlich auch. Die Liebe Jesu habe ich nicht verdient. Jesus hat mich „Unwürdigen" mit seiner Liebe beschenkt. Er wird auch mit denen weitergehen, die im Übereifer oder in Unwissenheit „unwürdig" das Abendmahl genommen haben. Danke, Jesus!

Martin Plücker (Jahrgang 1971) wohnt mit seiner Frau und seinen beiden Kindern in Witten. Er ist dort Pastor in der Freien evangelischen Gemeinde.

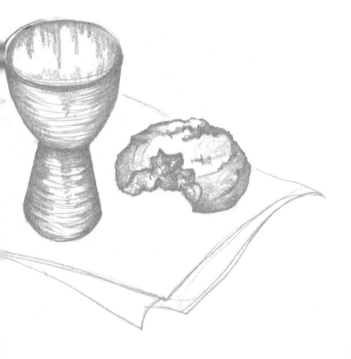

„Kalenderzettel"

Martin Gundlach über
gemeinsame Mittag-
essen in seiner Familie,
seinen Sieg beim Bibel-
Quiz und die allmähliche
Wiederentdeckung von
biblischen Geschichten.

Bis heute lese ich keine Zettel von Abreißkalendern. Und das kam so.

Während meiner Grundschul- und Gymnasialzeit sah ein ganz normaler Mittag für mich so aus: Wir aßen fast immer als Familie zusammen, ich empfand das oft als ein kleines Highlight nach einem langen Schulvormittag. Wenn dann Kopf und Bauch gut gefüllt waren und sich eine wohlige Müdigkeit breit machte, erklang regelmäßig derselbe Satz meines Vaters: „So, dann wollen wir mal lesen!"

Eine Art geistliche Fünf-Minuten-Terrine.

Gemeint war der Kalenderzettel, der zeitgleich mit einem dezenten Ruck aus der Verankerung gerissen wurde. Für alle, die dieses Ritual nicht kennen, sei es kurz erklärt. Ein täglicher Abreißkalender besteht aus 365 Zetteln, von denen täglich einer abgerissen, gelesen und dann entsorgt wird. Unsere Kalenderzettel beinhalteten einen Bibelvers, eine Auslegung desselben und gelegentlich eine kurze Geschichte, die in irgendeinem Zusammenhang zum zuvor zitierten Bibelvers stand. Eine Art geistliche Fünf-Minuten-Terrine.

Große Frage und voller Bauch

„Dann wollen wir mal lesen!" Wer sich bis dahin nicht mit einem guten Grund verdrückt hatte, durfte oder sollte nun den Worten des Kalenderzettels zuhören.

Wer das nicht tat, wer also träumte und gar nichts vom Text mitbekam – was mir häufig passierte –, der riskierte, dass er am Ende dumm dastand. Denn gelegentlich folgte dem Lesen die Frage: „Was sagt uns das heute für unser Leben?" Schwer, solch große Fragen träge mit vollem Bauch zu beantworten, wenn man nicht einmal weiß, worum es in etwa geht. (Ich kann mich auch nicht daran erinnern, dass sich jemals lebhafte Gespräche oder Diskussionen entsponnen hätten.)

Manchmal war eine zweite Hürde zu überspringen. Sie kam meist ohne Ankündigung und ohne echte Chance ihr auszuweichen: „Willst du heute nicht mal lesen?" Dauerhaft ablehnen kam nicht in Frage, so „wollte" ich natürlich ab und zu, ohne jemals so wirklich zu wollen.

Vermutlich sind mir mit dieser laxen Haltung wichtige geistliche Erkenntnisse entgangen, die auf den Zetteln verborgen waren. Vermutlich haben andere davon profitiert. Aber ich eben nicht. Mit Spätfolgen: Bis heute hing nie ein Abreißkalender an meiner Wand, bis heute habe ich freiwillig keinen solchen Zettel mehr angerührt. Komisch, denn eigentlich interessiere ich mich für jede Art von Literatur, auch christliche, produziere selbst christliche Zeitschriften und Bücher und liebe es zu lesen. Und ich arbeite sogar in einem Verlag, der einen solchen Abreißkalender herstellt und vertreibt ...

Bis heute hing nie ein Abreißkalender an meiner Wand.

Viel hilft viel

Im Rückblick verstehe ich, warum meine Eltern uns mit so vielen „geistlichen Anstößen" ins Leben geschickt haben. Mein Vater war Pastor, wir lebten als Familie im Gemeindehaus und konnten daher als Kinder dem Glauben kaum entrinnen. Das wollten und taten wir auch nicht. Sowohl mein Bruder als auch ich selbst leben heute zufrieden und überzeugt als Christen und wissen, dass unsere Eltern uns eine ordentliche Portion von fröhlichem Christsein mit ins Leben gegeben haben.

Vor allem wollten sie uns früh mit der Bibel vertraut machen. Konkret stellte sich unsere familiäre Bibelsituation so dar: Wöchentlich hörten wir mit Gottesdienst, Jugendstunde und (gelegentlich) Bibelstunde zwei oder drei Mal öffentliche Auslegungen von Bibeltexten. Die persönliche Ergänzung kam dazu: Nach dem Frühstück hielten wir vor dem Start in die Schule eine gemeinsame Morgenandacht mit Bibellesen und Gebet. Zudem hielten meine Eltern uns an, einmal am Tag eine persönliche Stille Zeit zu machen. Dafür erhielten wir kleine Zeitschriften des Bibellesebundes „Guter Start" oder „Geradeaus", in denen der jeweilige Bibelabschnitt erklärt wurde. Und drittens gab es nach dem Mittagessen eben „den Kalenderzettel".

„Viel hilft viel" – das stimmt in diesem Fall nicht.

Das war eine ganze Menge. Das Motto „viel hilft viel" stimmte in diesem Fall aber nicht. Denn wenn ich den Bogen etwas weiter spanne, komme ich zu einem kleinen (?) frommen Schaden, der vielleicht gar nicht nur meiner ist.

Sieger beim Bibelquiz

Noch mal: Ich habe meinen Eltern viel zu verdanken. Sie haben mir eine gute Ausgangsbasis für mein Leben geschaffen, viel in mich investiert und sind mir in vielem ein Vorbild. Sie lieben mich und wollten und wollen das Beste für mich, meinen Bruder und unsere Familien. Meine Mutter kam aus einem

Etwas über das Ziel hinausgeschossen.

Elternhaus, in dem christliche Erziehung keine Rolle spielte. Mein Vater erlebte in seiner Kindheit die Familienandachten als „schrecklich langweilig", wie er es heute in der Rückschau sagt. Deshalb wollten sie es besser machen und uns früh und ausführlich einen Zugang zur Bibel ermöglichen – auch durch Kalenderzettel.

Wahrscheinlich sind sie in ihrem guten Bemühen etwas über das Ziel hinausgeschossen. Ich kannte als Vierjähriger schon die allermeisten Bibelgeschichten, war später immer der Sieger beim Bibelquiz und beim beliebten Suchspiel „Wer findet zuerst in seiner Bibel Hosea 3, Vers 12?"

Das Problem dabei war, dass ich als Kind ein sehr festes Klischee von manchen Bibelgeschichten bekommen habe, das jetzt erst langsam aufweicht.

Ein Beispiel: Mir war immer klar, wer gut und wer böse ist. Als Fünfjähriger teilte ich immer in diese beiden Kategorien ein. Ich wusste immer, wer in den Geschichten der Gewinner, wer der Verlierer war. Klar, dass ich zu den Guten gehören würde.

Der „barmherzige Samariter", zum Beispiel, war der Held schlechthin, die beiden vorbeieilenden Priester aus dieser Jesus-Geschichte waren für mich damals moralisch auf dem Niveau von Terroristen oder Kinderschändern. So würde ich nie werden, das stand fest.

So würde ich nie werden. Das stand fest.

Heute beginne ich langsam zu verstehen, dass der „barmherzige Samariter" kein Überflieger oder Barmherzigkeits-Hero war, sondern dass er ein ganz normaler Mensch war, der sich dafür entschieden hat, das Leiden in seiner nächsten Nähe zu sehen. Und ich merke, dass ich oft nicht bin wie er, sondern am Leid meiner Mitmenschen locker vorbeisehe, wie die beiden „Versager" auf dem Weg zum Tempel.

Immun gegen die Sprengkraft

Manchmal habe ich das Gefühl, durch das häufige Hören dieser Episoden in meiner Kindheit geradezu immunisiert zu sein gegen die Sprengkraft, die in den Worten und Geschichten der Bibel steckt. Weil es für mich immer noch nette Geschichten aus der Kinderstunde sind. Die heile Welt der Flanellbilder, mit denen uns die Bibelgeschichten illustriert wurden, ist mir manchmal noch gegenwärtiger als die dramatischen Umstände, in den Jesus gelebt und gehandelt hat.

Und lange hatte ich das Gefühl: Ich kenne das alles. Weil ich auch wirklich vieles kannte. Aber wenig verstanden hatte, von der lebensverändernden Kraft der Worte Jesu. Von der Provokation, die von ihm ausging und ausgeht.

Macht doch nichts, sagen Sie jetzt vielleicht beim Lesen, das müssen Kinder doch noch nicht verstehen. Doch, halte ich dagegen, denn der Schaden liegt auf der Hand: Wer glaubt, schon alles zu kennen, macht sich nicht auf die Suche. Wer glaubt, ein Bibelprofi zu sein, wird in ihr nichts mehr entdecken. Wer die Bibel überblickt, steht nicht unter ihr. Genau so ging es mir lange. Ich war Wissender, nicht Suchender. Und weil ich meinte, das meiste schon zu kennen, war für mich die Bibel als Erwachsener lange langweilig. Erst in der letzten Zeit fange ich an, Geschichten der Bibel neu für mich zu entdecken, bei ihnen zu verweilen, mit ihnen zu leben. Das habe ich viele Jahre nicht getan.

„Jetzt verallgemeinerst du aber dein persönliches Problem", meinte mein Vater nach dem Lesen dieses Absatzes. Das mag sein. Ich bin mir nur nicht sicher, ob ich damit wirklich alleine bin ...

Die nächste Generation

Nun stehen meine Frau und ich vor der wunderschönen und herausfordernden Aufgabe, unseren Kindern (zwischen drei und zehn Jahren) die Welt des Glaubens zu eröffnen. Wir wünschen uns, dass sie das Leben mit Jesus für sich entdecken. Und sie tun es: Manchmal sind wir begeistert darüber, wie

Ich war Wissender, nicht Suchender.

ernst sie den Glauben nehmen und wie bewusst sie schon mit Jesus leben. Natürlich würden wir als Eltern da gerne alles richtig machen, aber ich fürchte, das wird uns nicht gelingen. Schon die Tatsache, dass meine Frau und ich das Gepäck aus unserer eigenen Kindheit in den Satteltaschen haben, macht es nicht einfacher. Kippen wir nicht automatisch auf der anderen Seite vom Pferd, nur weil wir manches anders machen wollen als unsere Eltern?

Offenheit, Ehrlichkeit, Großzügigkeit, Konsequenz und Mut sind für uns zentrale christliche Werte, die wir mit unseren Kindern leben wollen. Das gelingt manchmal, aber längst nicht perfekt – weil wir selbst nicht immer mutig und großzügig sind.

Kippen wir auf der anderen Seite vom Pferd?

Ich denke, auch unsere Kinder werden im Rückblick nicht alles toll finden. Vielleicht schreiben sie mal einen lamentierenden Aufsatz unter der Überschrift „Mein Vater hat mir nie einen Zugang zu christlichen Abreißkalendern eröffnet". Hm. Auch sie werden wohl ihren kleinen frommen Schaden mitkriegen. Ich hoffe, er vermiest ihnen den Glauben nicht.

Martin Gundlach (Jahrgang 1965) ist verheiratet, hat drei Töchter und lebt mit seiner Familie in Wetter an der Ruhr. Der gelernte Gymnasiallehrer ist heute Chefredakteur der Zeitschrift „family". Ehrenamtlich engagiert er sich in der Freien evangelischen Gemeinde in Witten. Er ist Herausgeber verschiedener Bücher, z.B. „Das haben meine Eltern gut gemacht".

Weitere kleine fromme Schäden?

Ihrer vielleicht?

Die Liste der „kleinen frommen Schäden" in diesem Buch ist überaus willkürlich. Den angefragten Autoren wurde das Thema freigestellt. Es gäbe noch ganz anderes zu sagen oder zu schreiben.

„Da fehlt doch noch ..." werden Sie vielleicht beim Lesen des Buches denken. Oder Sie sagen: „Dazu könnte ich auch noch etwas sagen!" Dann machen Sie Nägel mit Köpfen und schicken Sie mir Ihren „kleinen frommen Schaden". Ich bin gespannt darauf, von Ihnen zu lesen.

Martin Gundlach, c/o R. Brockhaus Verlag, Bodenborn 43, D-58452 Witten oder per E-Mail: frommerschaden@brockhaus-verlag.de